KB159824

어휘력을 키워주세요.

글을 읽어도 무엇을 말하는지 맥락이 파악되지 않나요?
공부를 할 때 낱말을 이해하지 못해서 어려움을 겪고 있나요?
자신감 있게 감정이나 생각을 표현하지 못하나요?
대화할 때 적당한 낱말이 생각나지 않나요?
말 귀를 못 알아듣나요?
말이나 글의 이면의 의미를 생각하는 힘이 없나요?
30분 이상 독서하기를 힘들어하나요?

우리 아이들이 이 7가지 질문들 중 3가지 이상 해당한다면 지금 바로 아이들의 어휘력을 점검해보세요. 그리고 아이들에게 어휘력을 키울 수 있는 자리를 마련해주세요. '어휘력이 곧 우리 아이다'라고 할 수 있습니다. 공부뿐 아니라 우리 아이들이 살아갈 세상은 갖춰진 어휘력만큼 성장합니다. '책 읽기, 말하기, 글쓰기, 공부하기, 의사소통하기' 이 모든 것에는 어휘력이 바탕이 됩니다. 우리 아이들을 위해서 다시 어휘력에 주목해야 하는 이유이기도 합니다.

우리 아이들이 어휘력을 키워 가기 위해서는 긴 시간과 노력이 필요합니다. 단기간에, 몰입해서 암기하듯 공부한다고 어휘력은 키워지지 않습니다. 왜냐하면 어휘력은 '언어'이기 때문입니다. 일 년에 책을 10권 읽는다면, 그 책들을 읽어내야 하는 시간이 필요합니다. 의지만으로는 책을 읽을 수 없습니다. 의지를 가지고 책 읽는 행동을 해야합니다. 그래서 독서가 단번에 되지 않고, 꾸준한 독서실력을 키워가기가 어려운 이유입니다.

우리 아이들의 어휘력을 키우는데 가장 기본이 되는 것이 사자성어와 속담과 관용구입니다. 사자성어는 우리말의 의미함축 어휘모음입니다. 속담은 오랜기간 선조들의 삶의 지혜를 담은 어휘문장입니다. 속담은 짧은 단어와 단어의 모음으로 우리 말 속의 깊은 의미의 표현입니다.

광장교육 김광복

이 책의 5가지 활용법

1 '사자성어' 함축된 어휘의 기본기 다지기

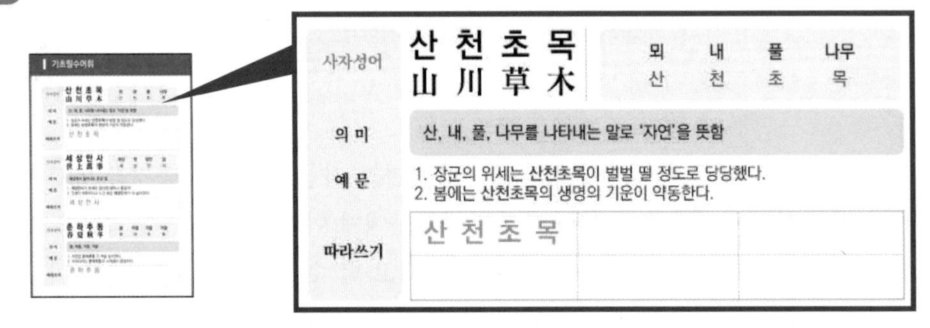

사자성어	산 천 초 목 山 川 草 木 — 뫼 산 / 내 천 / 풀 초 / 나무 목
의 미	산, 내, 풀, 나무를 나타내는 말로 '자연'을 뜻함
예 문	1. 장군의 위세는 산천초목이 벌벌 떨 정도로 당당했다. 2. 봄에는 산천초목의 생명의 기운이 약동한다.
따라쓰기	산 천 초 목

1. 사자성어의 의미를 한자의 뜻으로 확인!
2. 사자성어가 다양한 상황에서 어떻게 쓰이는지 예문으로 확인!
3. 5번의 쓰기로 사자성어를 내 어휘로!

2 '속담' 옛 어른들의 지혜로 말의 속 의미 이해하기

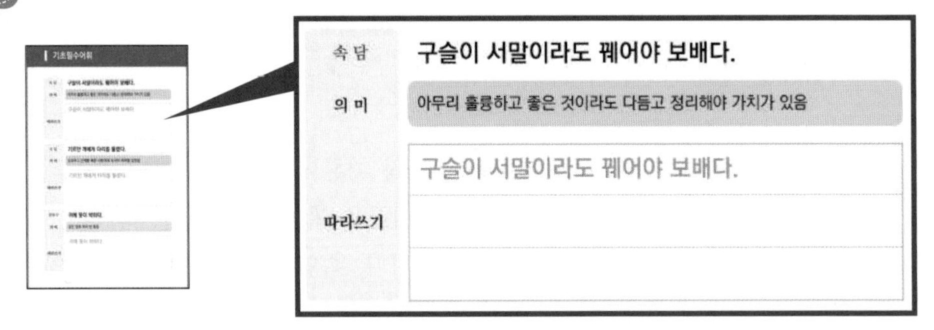

속 담	구슬이 서말이라도 꿰어야 보배다.
의 미	아무리 훌륭하고 좋은 것이라도 다듬고 정리해야 가치가 있음
따라쓰기	구슬이 서말이라도 꿰어야 보배다.

1. 속담은 옛 어른들의 지혜!
2. 2번의 쓰기로 속담의 의미를 파악!

3 '관용구' 어휘의 조합으로 말의 특별한 의미 알기

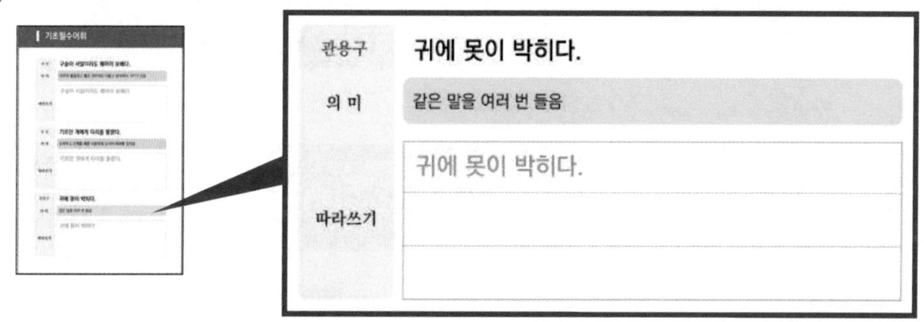

1. 단어들이 문장으로 결합 될 때의 다채로운 표현!
2. 2번의 쓰기로 관용구의 특별한 의미를 파악!

4 '어휘왕' 으로 그날의 어휘 다잡기

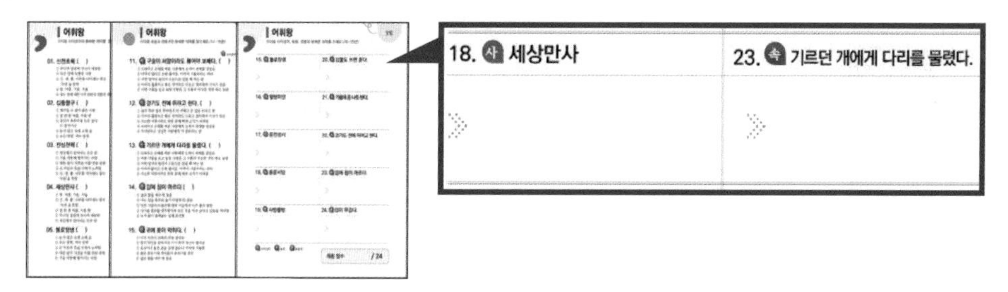

1. 객관식으로 '사자성어, 속담, 관용구'의 뜻을 찾아내기
2. 주관식으로 '사자성어, 속담, 관용구'의 의미 쓰기

5 '어휘활용문' 으로 어휘 활용하기

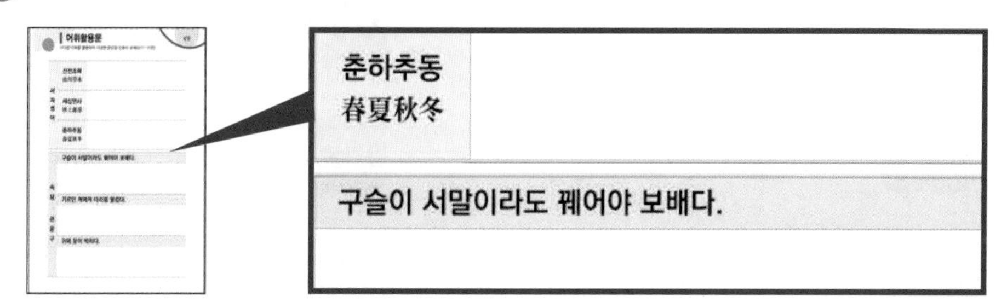

'사자성어,속담,관용구'로 실생활 어휘문을 써보기

학습진도표

20일 어휘 자기주도 학습 진도표

1일	___월 ___일	☐	11일	___월 ___일	☐
2일	___월 ___일	☐	12일	___월 ___일	☐
3일	___월 ___일	☐	13일	___월 ___일	☐
4일	___월 ___일	☐	14일	___월 ___일	☐
5일	___월 ___일	☐	15일	___월 ___일	☐
6일	___월 ___일	☐	16일	___월 ___일	☐
7일	___월 ___일	☐	17일	___월 ___일	☐
8일	___월 ___일	☐	18일	___월 ___일	☐
9일	___월 ___일	☐	19일	___월 ___일	☐
10일	___월 ___일	☐	20일	___월 ___일	☐

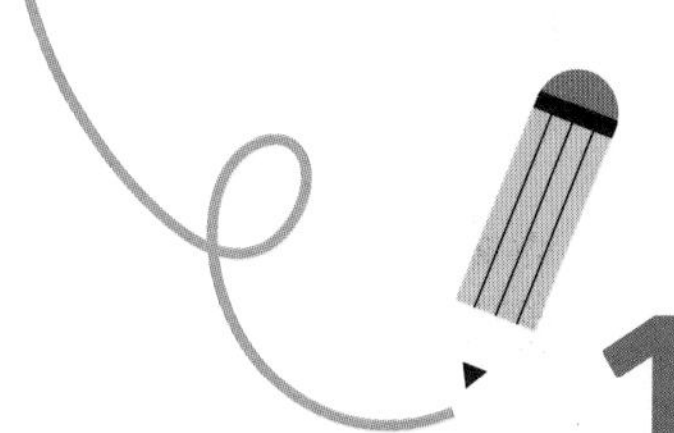

10일 광장 어휘
(1-10일)

사자성어 30개
속담 20개
관용구 10개

사자성어	주 경 야 독 晝 耕 夜 讀	낮 주	밭갈 경	밤 야	읽을 독
의 미	힘들고 어려운 상황에서도 열심히 공부함				
예 문	1. 광복이는 **주경야독**해서 드디어 시험에 합격했다. 2. 현성이는 야간 대학에서 **주경야독**하는 학구파다.				
따라쓰기	주 경 야 독				

사자성어	천 편 일 률 千 篇 一 律	일천 천	책 편	하나 일	법칙 률(율)
의 미	여럿이지만 서로 다른 특징 없이 모두 비슷함				
예 문	1. 현우의 아이디어는 모두 **천편일률**적이다. 2. 요즘 아이들의 패션은 **천편일률**적으로 똑같다.				
따라쓰기	천 편 일 률				

사자성어	호 언 장 담 豪 言 壯 談	호걸 호	말씀 언	장할 장	말씀 담
의 미	확신을 가지고 자신 있게 말함				
예 문	1. 아버지는 게임을 할때마다 자신이 이긴다고 **호언장담**하신다. 2. **호언장담**하는 사람이 때로는 근사하게 보일 때가 있다.				
따라쓰기	호 언 장 담				

속 담
소 잃고 외양간 고친다.

의 미
일이 잘못된 뒤에는 손을 써도 소용이 없음

따라쓰기
소 잃고 외양간 고친다.

속 담
작은 고추가 더 맵다.

의 미
몸집은 작지만 재주가 뛰어나고 야무진 사람!

따라쓰기
작은 고추가 더 맵다.

관용구
눈을 딱 감다.

의 미
더 이상 다른 것을 생각하지 않거나 다른 사람의 잘못이나 허물을 못 본 척 함

따라쓰기
눈을 딱 감다.

어휘왕

※다음 사자성어의 올바른 의미의 찾으세요. (1-10번)

01. 주경야독 (   )

① 모든 일이 뜻대로 잘 되어감
② 스스로 자신을 끈으로 묶음, 자신이 한 말이나 행동으로 곤경에 처함
③ 모든 것은 차이가 있고 구별이 있음
④ 이제까지 들어보지 못했음
⑤ 힘들고 어려운 상황에서도 열심히 공부함

02. 명불허전 (   )

① 확신을 가지고 자신 있게 말함
② 본 것과 들은 것이 서로 같음
③ 들어갈수록 점점 더 아름다워짐
④ 세상에 이름이 널리 알려진 데는 마땅한 이유가 있음
⑤ 오랜 세월이 지나도 변하지 않음

03. 호사다마 (   )

① 서로 옳고 그름을 따지며 다툼
② 좋은 일 뒤에 나쁜 일이 따름
③ 마음 먹은지 3일을 못감
④ 짧은 기간 싸워 전쟁에 승리함, 일을 거침없이 빠르게 끝냄
⑤ 세상 일의 온갖 고난을 겪은 경험을 비유함

04. 천편일률 (   )

① 여럿이지만 서로 다른 특징 없이 모두 비슷함
② 사람이 살고 죽는 것은 하늘에 달려 있음
③ 자기가 저지른 일은 자기가 해결해야 함
④ 좋은 물건을 보면 갖고 싶은 마음이 생김
⑤ 네 갈래, 다섯 갈래로 나누어지고 찢어짐

05. 파란만장 (   )

① 세상 일의 온갖 고난을 겪은 경험을 비유함
② 힘들고 어려운 상황에서도 열심히 공부함
③ 다른 의견 없이 모든 사람의 의견이 같음
④ 확신을 가지고 자신 있게 말함
⑤ 물결처럼 계속 각가지 사연과 변화가 심함

06. 만시지탄 (   )

① 고통과 즐거움을 서로 같이 보냄
② 좋은 일 뒤에 나쁜 일이 따름
③ 시기가 늦어 안타까움에 탄식함
④ 여러 가지로 일이 많고, 어려움도 많음
⑤ 짧은 기간 싸워 전쟁에 승리함, 일을 거침없이 빠르게 끝냄

07. 전대미문 (   )

① 가을 바람에 떨어지는 낙엽
② 이제까지 들어보지 못했음
③ 자기가 저지른 일은 자기가 해결해야 함
④ 늙지 않고 오래 오래 삶
⑤ 여럿이지만 서로 다른 특징 없이 모두 비슷함

08. 호언장담 (   )

① 집안이 화목하면 모든 일이 다 잘되어감
② 여러 차례 죽을 고비를 겪고 겨우 살아남
③ 몹시 두려워 벌벌 떨며 조심함
④ 확신을 가지고 자신 있게 말함
⑤ 여러 사람이 서로 자신의 주장을 내세우며 상대편의 주장을 반박함

09. 감탄고토 (   )

① 물결처럼 계속 각가지 사연과 변화가 심함
② 융통성 없고 어리석은 사람을 비유함
③ 들어갈수록 점점 더 아름다워짐
④ 달면 삼키고, 쓰면 뱉음
⑤ 힘들고 어려운 상황에서도 열심히 공부함

10. 만고불변 (   )

① 오랜 세월이 지나도 변하지 않음
② 모든 것은 차이가 있고 구별이 있음
③ 밤,낮으로 쉬지 않음
④ 한 입으로 두 말을 함
⑤ 아주 짧은 시간이나 매우 재빠른 동작을 이르는 말

어휘왕

※다음 속담과 관용구의 올바른 의미를 찾으세요. (11-15번)

사 사자성어 속 속담 관 관용구

11. 속 소 잃고 외양간 고친다. (   )

① 의지할 데가 있어야 무슨 일이든 할 수 있음
② 쉽고 작은 일은 못하면서 더 어렵고 큰 일을 하려고 함
③ 일이 잘못된 뒤에는 손을 써도 소용이 없음
④ 여러 사람이 자기 주장만 내세우면 일을 제대로 할 수 없음
⑤ 되면 좋고, 안되도 크게 아쉽다거나 안타까울 것이 없는 거래를 함

12. 속 가는 말이 고와야 오는 말도 곱다. (   )

① 본래의 천성이 좋지 않은 사람은 어디 가든지 똑같음
② 말과 행동이 특출나거나 거슬리면 미움을 받음
③ 아무도 안 듣는 데에서도 말은 조심해야 함
④ 전혀 생각하지 못한 상황에서 어려움을 당함
⑤ 남에게 말이나 행동을 좋게 해야 남도 나에게 좋게 함

13. 속 작은 고추가 더 맵다. (   )

① 몸집은 작지만 재주가 뛰어나고 야무진 사람
② 의지할 데가 있어야 무슨 일이든 할 수 있음
③ 변변치 못한 집안에서 훌륭한 인물이 나옴
④ 잘되리라 믿고 있던 일이 어긋나거나 믿고 있던 사람에게 배신을 당해 해를 입음
⑤ 도와주고 은혜를 베푼 사람에게 도리어 피해를 입었음

14. 관 가슴이 미어지다. (   )

① 매우 짧은 순간
② 다른 사람이나 물건에 대해 거듭해서 아주 좋게 말함
③ 옳고 그름이나 신의를 돌보지 않고 자기 이익만 꾀함
④ 큰 기쁨이나 슬픔, 그리고 감격으로 마음 속이 꽉참
⑤ 좋은 분위기에 끼어들어 분위기를 망침

15. 관 눈을 딱 감다. (   )

① 더 이상 다른 것을 생각하지 않거나 다른 사람의 잘못이나 허물을 못 본 척 함
② 마음 속에 고통과 슬픔이 크게 맺혀 있음
③ 어떤 장소가 발을 디딜 수 없을 만큼 사람으로 꽉 참
④ 여러 사람이 같은 의견을 말함
⑤ 다가올 결과를 생각해가며 모든 것을 미리 살피고 일들을 처리함

어휘왕

※다음 사자성어, 속담, 관용구의 올바른 의미를 쓰세요. (16-25번)

16. 사 주경야독

17. 사 견원지간

18. 사 천편일률

19. 사 호사다마

20. 사 호언장담

21. 속 소 잃고 외양간 고친다.

22. 속 개천에서 용난다.

23. 속 작은 고추가 더 맵다.

24. 관 날개가 돋치다.

25. 관 눈을 딱 감다.

사 사자성어  속담  관용구

최종 점수 / 25

어휘활용문

※다음 어휘를 활용하여 다양한 문장을 만들어 보세요.

사자성어		
	주경야독 晝耕夜讀	
	천편일률 千篇一律	
	호언장담 豪言壯談	

속담 · 관용구
소 잃고 외양간 고친다.
작은 고추가 더 맵다.
눈을 딱 감다.

사자성어	경 거 망 동 輕 擧 妄 動	가벼울 경	들 거	허망할 망	움직일 동

의 미 깊이 생각하지 않고 경솔하게 행동함

예 문
1. 어머니는 제게 늘 어디 가든지 **경거망동**하지 말라고 하셨다.
2. 어리석은 사람들은 분별없이 **경거망동**하곤 한다.

따라쓰기

경 거 망 동		

사자성어	목 불 식 정 目 不 識 丁	눈 목	아닐 불(부)	알 식	고무래 정

의 미 눈 앞에 두고도 모름, 아주 무식함

예 문
1. 공부를 해서 간신히 **목불식정**을 면했을 뿐입니다.
2. 낫 놓고 'ㄱ'자를 모르는 것을 **목불식정**이라고도 한다.

따라쓰기

목 불 식 정		

사자성어	솔 선 수 범 率 先 垂 範	거느릴 솔	먼저 선	드리울 수	법 범

의 미 앞장서서 먼저 모범을 보임

예 문
1. 윗사람이 **솔선수범**하면 아랫사람은 자연히 윗사람을 따른다.
2. 우리 아빠는 뭐든지 먼저 **솔선수범**하셔서 존경스럽다.

따라쓰기

솔 선 수 범		

속 담	가랑비에 옷 젖는 줄 모른다.
의 미	사소한 것이라도 거듭되면 무시 못할 정도로 크게 됨
따라쓰기	가랑비에 옷 젖는 줄 모른다.

속 담	모르면 약이요 아는 게 병이다.
의 미	아무것도 모르면 몸과 마음이 편해 좋을 수 있지만, 무엇이나 조금 알고 있으면 오히려 몸과 마음이 괴로움
따라쓰기	모르면 약이요 아는 게 병이다.

관용구	머리에 서리가 앉다.
의 미	나이가 들어 머리가 희끗희끗해짐
따라쓰기	머리에 서리가 앉다.

어휘왕

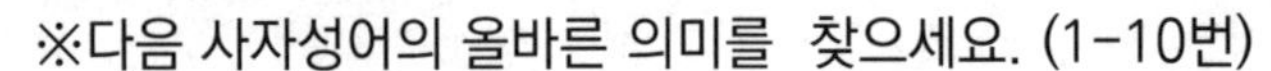

※다음 사자성어의 올바른 의미를 찾으세요. (1-10번)

01. 경거망동 (   )

① 앞장서서 먼저 모범을 보임
② 몹시 두려워 벌벌 떨며 조심함
③ 들어갈수록 점점 더 아름다워짐
④ 깊이 생각하지 않고 경솔하게 행동함
⑤ 여러 사람이 서로 자신의 주장을 내세우며 상대편의 주장을 반박함

02. 천편일률 (   )

① 여럿이지만 서로 다른 특징 없이 모두 비슷함
② 오랜 세월이 지나도 변하지 않음
③ 확신을 가지고 자신 있게 말함
④ 서로 옳고 그름을 따지며 다툼
⑤ 고통과 즐거움을 서로 같이 보냄

03. 속전속결 (   )

① 자기가 저지른 일은 자기가 해결해야 함
② 짧은 기간 싸워 전쟁에 승리함, 일을 거침없이 빠르게 끝냄
③ 앞장서서 먼저 모범을 보임
④ 마음 먹은지 3일을 못감
⑤ 이제까지 들어보지 못했음

04. 목불식정 (   )

① 좋은 일 뒤에 나쁜 일이 따름
② 밤,낮으로 쉬지 않음
③ 모든 일이 뜻대로 잘 되어감
④ 여럿이지만 서로 다른 특징 없이 모두 비슷함
⑤ 눈 앞에 두고도 모른다는 뜻, 아주 무식함

05. 결자해지 (   )

① 자기가 저지른 일은 자기가 해결해야 함
② 깊이 생각하지 않고 경솔하게 행동함
③ 물결처럼 계속 각가지 사연과 변화가 심함
④ 세상에 이름이 널리 알려진 데는 마땅한 이유가 있음
⑤ 사람이 살고 죽는 것은 하늘에 달려 있음

06. 견원지간 (   )

① 이제야 처음 듣는 말
② 여러 가지로 일이 많고, 어려움도 많음
③ 다른 의견 없이 모든 사람의 의견이 같음
④ 시기가 늦어 안타까움에 탄식함
⑤ 개와 원숭이 사이의 관계라는 뜻으로, 서로 관계가 아주 나쁜 사이

07. 태평성대 (   )

① 세상 일의 온갖 고난을 겪은 경험을 비유함
② 좋은 물건을 보면 갖고 싶은 마음이 생김
③ 달면 삼키고, 쓰면 뱉음
④ 어진 임금이 다스리는 평안한 세상이나 시대
⑤ 깊이 생각하지 않고 경솔하게 행동함

08. 솔선수범 (   )

① 앞장서서 먼저 모범을 보임
② 모든 것은 차이가 있고 구별이 있음
③ 가르치고 배우면서 더불어 성장함
④ 눈 앞에 두고도 모른다는 뜻, 아주 무식함
⑤ 어진 임금이 다스리는 평안한 세상이나 시대

09. 갑론을박 (   )

① 집안이 화목하면 모든 일이 다 잘되어감
② 힘들고 어려운 상황에서도 열심히 공부함
③ 여러 차례 죽을 고비를 겪고 겨우 살아남
④ 헤아릴 수 없이 많은 사람
⑤ 여러 사람이 서로 자신의 주장을 내세우며 상대편의 주장을 반박함

10. 탁상공론 (   )

① 책상에 앉아 여럿이 의논만 함, 현실이 반영되지 않은 허황된 논의
② 자기가 저지른 일은 자기가 해결해야 함
③ 네 갈래, 다섯 갈래로 나누어지고 찢어짐
④ 확신을 가지고 자신 있게 말함
⑤ 눈 앞에 두고도 모른다는 뜻, 아주 무식함

어휘왕

※다음 속담과 관용구의 올바른 의미를 찾으세요 (11-15번)

사 사자성어 속 속담 관 관용구

11. 속 가랑비에 옷 젖는 줄 모른다. (　　)

① 먹고 살기 위해서 안해야 될 짓까지 할 수밖에 없음
② 사소한 것이라도 거듭되면 무시 못할 정도로 크게 됨
③ 겉보기에는 조신해 보여도 그 속은 오히려 엉큼한 경우가 많음
④ 무엇을 잘못해 놓고도 여러 가지 이유로 책임을 피하려는 사람을 가리킴
⑤ 자기와 상관없는 일에 간섭하고 참견함

12. 속 같은 말이라도 '아' 다르고 '어' 다르다. (　　)

① 같은 내용의 이야기라도 이렇게 말할 때 다르고, 저렇게 말할 때 다름
② 누구나 마음속으로만 애태울 것이 아니라 말을 해야 함
③ 일이 잘못된 뒤에는 손을 써도 소용이 없음
④ 몹시 고생하는 삶도 운수 좋은 날이 이를 수 있음
⑤ 남에게 말이나 행동을 좋게 해야 남도 나에게 좋게 함

13. 속 모르면 약이요 아는 게 병이다. (　　)

① 남에게 악한 일을 하면 그 죄를 받을 때가 반드시 옴
② 무식한 사람이라도 유식한 사람과 오랫동안 같이 있으면 자연히 견문이 생기고 유식해짐
③ 늘 말하며 바라던 것이 현실이 됨
④ 하려던 일이 실패하여 어찌할 도리가 없이 그저 쳐다만 보며 민망해함
⑤ 아무것도 모르면 몸과 마음이 편해 좋을 수 있지만, 무엇이나 조금 알고 있으면 오히려 괴로움

14. 관 가슴에 멍이 들다. (　　)

① 마음 속에 고통과 슬픔이 크게 맺혀 있음
② 어떤 일이나 분위기, 상황, 생각 등을 이치나 논리에 맞게 바로 잡음
③ 큰 기쁨이나 슬픔, 그리고 감격으로 마음 속이 꽉 참
④ 어떤 장소가 발을 디딜 수 없을 만큼 사람으로 꽉 참
⑤ 몹시 무안을 당하거나 기가 죽어 위신이 떨어짐

15. 관 머리에 서리가 앉다. (　　)

① 물건이나 상품 등이 빠르게 팔려 나감
② 여러 사람이 같은 의견을 말함
③ 나이가 들어 머리가 희끗희끗해짐
④ 아직 어른이 되려면 한참 멀었음
⑤ 사람은 많은데 나눌 물건이 턱없이 부족함

어휘왕

※다음 사자성어, 속담, 관용구의 올바른 의미를 쓰세요 (16-25번)

16. 사 경거망동	21. 속 가랑비에 옷 젖는 줄 모른다.
»	»
17. 사 결자해지	22. 속 마른 하늘에 날벼락이다.
»	»
18. 사 목불식정	23. 속 모르면 약이요 아는 게 병이다.
»	»
19. 사 호언장담	24. 관 누구 코에 붙이겠는가?
»	»
20. 사 솔선수범	25. 관 머리에 서리가 앉다.
»	»

사 사자성어 속 속담 관 관용구

최종 점수 / 25

어휘활용문

※다음 어휘를 활용하여 다양한 문장을 만들어 보세요.

사자성어		
	경거망동 輕擧妄動	
	목불식정 目不識丁	
	솔선수범 率先垂範	

속담 · 관용구	
	가랑비에 옷 젖는 줄 모른다.
	모르면 약이요 아는 게 병!
	머리에 서리가 앉다.

사자성어

지지부진 遲遲不進

더딜	더딜	아닐	나아갈
지	지	부(불)	진

의미

일이 진행되지 못하고 그 자리에 멈춘 것처럼 보임

예문

1. 시험 공부가 **지지부진**해서 좋은 결과를 기대하기 어렵다.
2. 재현이의 계획안은 **지지부진**하던 계획에 활력이 되었다.

따라쓰기

지 지 부 진		

사자성어

청천벽력 青天霹靂

푸를	하늘	벼락	벼락
청	천	벽	력(역)

의미

갑작스럽게 일어난 충격적이거나 어처구니 없는 사고나 일

예문

1. **청천벽력**도 유분수지! 내가 코로나에 걸리다니~
2. 민주가 연예인과 사귄다고? 무슨 **청천벽력**과 같은 소리~

따라쓰기

청 천 벽 력		

사자성어

호연지기 浩然之氣

넓을	그럴	갈	기운
호	연	지	기

의미

바른 행동에서 비롯되는 거침없는 기상과 용기

예문

1. 이 좋은 곳에서 마음껏 즐기며 **호연지기**를 길러라
2. 신라시대 화랑들은 사냥을 하며 **호연지기**를 키웠다.

따라쓰기

호 연 지 기		

속 담

못 먹는 감 찔러나 본다.

의 미

제 것으로 만들지 못할 바에야 남도 같이 못 쓰게 하려는 심술 맞고 뒤틀린 마음

따라쓰기

못 먹는 감 찔러나 본다.

속 담

쇠뿔도 단김에 빼랬다.

의 미

하기로 마음먹었을 때 망설이거나 미루지 말고 곧바로 행동으로 옮겨야 함

따라쓰기

쇠뿔도 단김에 빼랬다.

관용구

손발이 맞다.

의 미

함께 일을 하는 데에 마음이나 의견, 행동 따위가 맞음

따라쓰기

손발이 맞다.

어휘왕

※다음 사자성어의 올바른 의미를 찾으세요. (1-10번)

01. 지지부진 (   )

① 자기가 저지른 일은 자기가 해결해야 함
② 가을 바람에 떨어지는 낙엽
③ 일이 진행되지 못하고 그 자리에 멈춘 것 처럼 보임
④ 눈 앞에 두고도 모른다는 뜻, 아주 무식함
⑤ 여러 가지로 일이 많고, 어려움도 많음

02. 목불식정 (   )

① 좋은 일 뒤에 나쁜 일이 따름
② 확신을 가지고 자신 있게 말함
③ 눈 앞에 두고도 모른다는 뜻, 아주 무식함
④ 앞장서서 먼저 모범을 보임
⑤ 하나는 길고 하나는 짧음, 장점도 있고 단점도 있다는 의미

03. 호언장담 (   )

① 세상에서 일어나는 온갖 일
② 깊이 생각하지 않고 경솔하게 행동함
③ 확신을 가지고 자신 있게 말함
④ 스스로의 힘으로 어엿하게 한 살림을 이루어 냄
⑤ 자기가 저지른 일은 자기가 해결해야 함

04. 청천벽력 (   )

① 들어갈수록 점점 더 아름다워짐
② 모든 방면, 여러 방면
③ 세 명, 다섯 명씩 여럿이 모여 있음
④ 갑작스럽게 일어난 충격적이거나 어처구니 없는 사고나 일
⑤ 묻는 말에 대해서 아주 딴판인 엉뚱한 대답

05. 명불허전 (   )

① 모든 일에 능통한 사람
② 서로 옳고 그름을 따지며 다툼
③ 깊이 생각하지 않고 경솔하게 행동함
④ 몹시 두려워 벌벌 떨며 조심함
⑤ 세상에 이름이 널리 알려진 데는 마땅한 이유가 있음

06. 점입가경 (   )

① 오랜 세월이 지나도 변하지 않음
② 확신을 가지고 자신 있게 말함
③ 들어갈수록 점점 더 아름다워짐
④ 사람이 살고 죽는 것은 하늘에 달려 있음
⑤ 바른 행동에서 비롯되는 거침없는 기상과 용기

07. 만장일치 (   )

① 다른 의견 없이 모든 사람의 의견이 같음
② 모든 것은 차이가 있고 구별이 있음
③ 들어갈수록 점점 더 아름다워짐
④ 세상에서 일어나는 온갖 일
⑤ 일이 진행되지 못하고 그 자리에 멈춘 것 처럼 보임

08. 호연지기 (   )

① 서로 옳고 그름을 따지며 다툼
② 가르치고 배우면서 더불어 성장함
③ 바른 행동에서 비롯되는 거침없는 기상과 용기
④ 자기가 저지른 일은 자기가 해결해야 함
⑤ 늙지 않고 오래 오래 삶

09. 전대미문 (   )

① 이제까지 들어보지 못했음
② 자기가 저지른 일은 자기가 해결해야 함
③ 이제야 처음 듣는 말
④ 좋은 일 뒤에 나쁜 일이 따름
⑤ 앞장서서 먼저 모범을 보임

10. 파란만장 (   )

① 다른 의견 없이 모든 사람의 의견이 같음
② 눈 앞에 두고도 모른다는 뜻, 아주 무식함
③ 온 마음과 뜻을 다해서 노력함
④ 물결처럼 계속 각가지 사연과 변화가 심함
⑤ 갑작스럽게 일어난 충격적이거나 어처구니 없는 사고나 일

어휘왕

※다음 속담과 관용구의 올바른 의미를 찾으세요 (11-15번)

사 사자성어 속 속담 관 관용구

11. 속 못 먹는 감 찔러나 본다. ( )

① 제 것으로 만들지 못할 바에야 남도 같이 못 쓰게 하려는 심술 맞고 뒤틀린 마음
② 전혀 생각하지 못한 상황에서 어려움을 당함
③ 되면 좋고, 안되도 크게 아쉽다거나 안타까울 것이 없는 거래를 함
④ 여러 사람이 자기 주장만 내세우면 일을 제대로 할 수 없음
⑤ 어떤 일을 하려는데 생각지도 못한 일이 생김

12. 속 남의 잔치에 감 놓아라 배 놓아라 한다. ( )

① 어떤 일이나 물건이 드문드문 있을 때 하는 말
② 자기와 상관없는 일에 간섭하고 참견함
③ 몸집은 작지만 재주가 뛰어나고 야무진 사람
④ 의지할 데가 있어야 무슨 일이든 할 수 있음
⑤ 본래의 천성이 좋지 않은 사람은 어디 가든지 똑같음

13. 속 쇠뿔도 단김에 빼랬다. ( )

① 모든 일은 원인에 따라 결과가 생김
② 어떤 사물을 보고 놀란 사람은 그 사물과 비슷한 것만 봐도 놀람
③ 꾸준히 지속적으로 노력하면 결국 얻거나 이룸
④ 하기로 마음먹었을 때 망설이거나 미루지 말고 곧바로 행동으로 옮겨야 함
⑤ 도와주고 은혜를 베푼 사람에게 도리어 피해를 입었음

14. 관 가닥을 잡다. ( )

① 어떤 일이나 분위기, 상황, 생각 등을 이치나 논리에 맞게 바로 잡음
② 아는 일을 함부로 옮기지(말하지) 않음
③ 몹시 무안을 당하거나 기가 죽어 위신이 떨어짐
④ 더 이상 다른 것을 생각하지 않거나 다른 사람의 잘못이나 허물을 못 본 척 함
⑤ 무섭거나 놀라서 날카롭게 신경이 예민해짐

15. 관 손발이 맞다. ( )

① 물건이나 상품 등이 빠르게 팔려 나감
② 여러 사람이 같은 의견을 말함
③ 다가올 결과를 생각해가며 모든 것을 미리 살피고 일들을 처리함
④ 함께 일을 하는 데에 마음이나 의견, 행동 따위가 맞음
⑤ 나이가 들어 머리가 희끗희끗해짐

어휘왕

※다음 사자성어, 속담, 관용구의 올바른 의미를 쓰세요 (16-25번)

16. 사 지지부진

17. 사 명불허전

18. 사 청천벽력

19. 사 천편일률

20. 사 호연지기

21. 속 못 먹는 감 찔러나 본다.

22. 속 사공이 많으면 배가 산으로 간다.

23. 속 쇠뿔도 단김에 빼랬다.

24. 관 눈을 딱 감다.

25. 관 손발이 맞다.

사 사자성어 속 속담 관 관용구

최종 점수 / 25

어휘활용문

※다음 어휘를 활용하여 다양한 문장을 만들어 보세요

사자성어	지지부진 遲遲不進	
	청천벽력 靑天霹靂	
	호연지기 浩然之氣	

속담 · 관용구	못 먹는 감 찔러나 본다.
	쇠뿔도 단김에 빼랬다.
	손발이 맞다.

사자성어	고 군 분 투 孤 軍 奮 鬪	외로울 고	군사 군	떨칠 분	싸울 투

의 미: 도움 없이 힘에 벅찬 일들을 잘 해나감

예 문:
1. 아군은 전투에서 **고군분투** 했으나 결국 후퇴하고 말았다.
2. 줄넘기 500개를 하기위해 현성이는 **고군분투**하고 있다.

따라쓰기:

고 군 분 투		

사자성어	목 불 인 견 目 不 忍 見	눈 목	아닐 불(부)	참을 인	볼 견

의 미: 차마 눈 뜨고 볼 수 없음

예 문:
1. 그 건물의 붕괴 현장은 **목불인견**의 참상이었다.
2. 어제 너의 거짓말하는 모습은 **목불인견**의 꼴불견이었다.

따라쓰기:

목 불 인 견		

사자성어	시 시 비 비 是 是 非 非	옳을 시	옳을 시	아닐 비	아닐 비

의 미: 옳고 그름을 따짐

예 문:
1. 그들의 왈가왈부 **시시비비**는 결국 주먹다짐으로 번졌다.
2. **시시비비**를 잘 가려야 이 일에 분쟁이 없다.

따라쓰기:

시 시 비 비		

속 담

굴러온 돌이 박힌 돌 뺀다.

의 미

새로 생긴 것이 이미 자리잡고 있던 것을 밀어냄

따라쓰기

굴러온 돌이 박힌 돌 뺀다.

속 담

목마른 놈이 우물 판다.

의 미

가장 절실하고, 제일 급하고, 꼭 필요한 사람이 먼저 그 일을 서둘러 하게 됨

따라쓰기

목마른 놈이 우물 판다.

관용구

몸을 던지다.

의 미

내 온 몸을 던질 만큼 어떤 일에 열중함. 가진 것을 다 바침

따라쓰기

몸을 던지다.

어휘왕

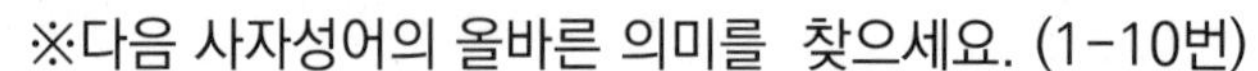

※다음 사자성어의 올바른 의미를 찾으세요. (1-10번)

01. 고군분투 ( )

① 확신을 가지고 자신 있게 말함
② 몹시 두려워 벌벌 떨며 조심함
③ 눈 앞에 두고도 모른다는 뜻, 아주 무식함
④ 도움 없이 힘에 벅찬 일들을 잘 해나감
⑤ 깊이 생각하지 않고 경솔하게 행동함

02. 청천벽력 ( )

① 갑작스럽게 일어난 충격적이거나 어처구니 없는 사고나 일
② 옳고 그름을 따짐
③ 시기가 늦어 안타까움에 탄식함
④ 물결처럼 계속 각가지 사연과 변화가 심함
⑤ 오랜 세월이 지나도 변하지 않음

03. 솔선수범 ( )

① 모든 일이 뜻대로 잘 되어감
② 앞장서서 먼저 모범을 보임
③ 도움 없이 힘에 벅찬 일들을 잘 해나감
④ 여럿이지만 서로 다른 특징 없이 모두 비슷함
⑤ 확신을 가지고 자신 있게 말함

04. 목불인견 ( )

① 차마 눈 뜨고 볼 수 없음
② 융통성 없고 어리석은 사람을 비유함
③ 눈앞에 두고도 모른다는 뜻, 아주 무식함
④ 스스로 자신을 끈으로 묶음, 자신이 한 말이나 행동으로 곤경에 처함
⑤ 밤,낮으로 쉬지 않음

05. 경거망동 ( )

① 개와 원숭이 사이의 관계라는 뜻으로, 서로 관계가 아주 나쁜 사이
② 본 것과 들은 것이 서로 같음
③ 옳고 그름을 따짐
④ 세상 일의 온갖 고난을 겪은 경험을 비유함
⑤ 깊이 생각하지 않고 경솔하게 행동함

06. 결자해지 ( )

① 좋은 물건을 보면 갖고 싶은 마음이 생김
② 차마 눈 뜨고 볼 수 없음
③ 자기가 저지른 일은 자기가 해결해야 함
④ 일이 진행되지 못하고 그 자리에 멈춘 것처럼 보임
⑤ 마음 먹은지 3일을 못감

07. 설왕설래 ( )

① 달면 삼키고, 쓰면 뱉음
② 앞장서서 먼저 모범을 보임
③ 서로 옳고 그름을 따지며 다툼
④ 다른 의견 없이 모든 사람의 의견이 같음
⑤ 여러 사람이 서로 자신의 주장을 내세우며 상대편의 주장을 반박함

08. 시시비비 ( )

① 옳고 그름을 따짐
② 한 입으로 두 말을 함
③ 사람이 살고 죽는 것은 하늘에 달려 있음
④ 눈 앞에 두고도 모른다는 뜻, 아주 무식함
⑤ 여러 가지로 일이 많고, 어려움도 많음

09. 견원지간 ( )

① 가르치고 배우면서 더불어 성장함
② 확신을 가지고 자신 있게 말함
③ 개와 원숭이 사이의 관계라는 뜻으로, 서로 관계가 아주 나쁜 사이
④ 하나의 질문에 하나씩 대답함
⑤ 도움 없이 힘에 벅찬 일들을 잘 해나감

10. 전전긍긍 ( )

① 고통과 즐거움을 서로 같이 보냄
② 앞장서서 먼저 모범을 보임
③ 바른 행동에서 비롯되는 거침없는 기상과 용기
④ 차마 눈 뜨고 볼 수 없음
⑤ 몹시 두려워 벌벌 떨며 조심함

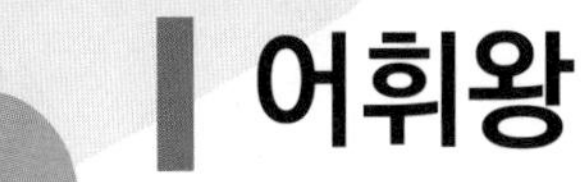

어휘왕

※다음 속담과 관용구의 올바른 의미를 찾으세요 (11-15번)

사 사자성어 속 속담 관 관용구

11. 속 굴러온 돌이 박힌 돌 뺀다. (　　)

① 사람의 욕심은 끝이 없음
② 무엇을 잘못해 놓고도 여러 가지 이유로 책임을 피하려는 사람을 가리킴
③ 겉보기에는 조신해 보여도 그 속은 오히려 엉큼한 경우가 많음
④ 새로 생긴 것이 이미 자리잡고 있던 것을 밀어냄
⑤ 사소한 것이라도 거듭되면 무시 못할 정도로 크게 됨

12. 속 말이 씨가 된다. (　　)

① 일이 잘못된 뒤에는 손을 써도 소용이 없음
② 같은 내용의 이야기라도 이렇게 말할 때 다르고, 저렇게 말할 때 다름
③ 늘 말하며 바라던 것이 현실이 됨
④ 남에게 악한 일을 하면 그 죄를 받을 때가 반드시 옴
⑤ 제 것으로 만들지 못할 바에야 남도 같이 못 쓰게 하려는 심술 맞고 뒤틀린 마음

13. 속 목마른 놈이 우물 판다. (　　)

① 누구나 마음속으로만 애태울 것이 아니라 말을 해야 함
② 가장 절실하고, 제일 급하고, 꼭 필요한 사람이 먼저 그 일을 서둘러 하게 됨
③ 남에게 말이나 행동을 좋게 해야 남도 나에게 좋게 함
④ 늘 말하며 바라던 것이 현실이 됨
⑤ 몹시 고생하는 삶도 운수 좋은 날이 이를 수 있음

14. 관 날개가 돋치다. (　　)

① 함께 일을 하는 데에 마음이나 의견, 행동 따위가 맞음
② 나이가 들어 머리가 희끗희끗해짐
③ 물건이나 상품 등이 빠르게 팔려 나감
④ 매우 지긋지긋함을 비유하는 말
⑤ 마음 속에 고통과 슬픔이 크게 맺혀 있음

15. 관 몸을 던지다. (　　)

① 큰 기쁨이나 슬픔, 그리고 감격으로 마음 속이 꽉 참
② 다가올 결과를 생각해가며 모든 것을 미리 살피고 일들을 처리함
③ 눈치 없이 쓸데없는 일에 참견함
④ 어떤 장소가 발을 디딜 수 없을 만큼 사람으로 꽉 참
⑤ 내 온 몸을 던질 만큼 어떤 일에 열중함, 가진 것을 다 바침

1일 2일 3일 4일 5일 6일 7일 8일 9일 10일 11일 12일 13일 14일 15일 16일 17일 18일 19일 20일 정답

어휘왕

※다음 사자성어, 속담, 관용구의 올바른 의미를 쓰세요 (16-25번)

16. 사 고군분투

17. 사 경거망동

18. 사 목불인견

19. 사 솔선수범

20. 사 시시비비

21. 속 굴러온 돌이 박힌 돌 뺀다.

22. 속 작은 고추가 더 맵다.

23. 속 목마른 놈이 우물 판다.

24. 관 머리에 서리가 앉다.

25. 관 몸을 던지다.

사 사자성어 속 속담 관 관용구

최종 점수 / 25

어휘활용문

※다음 어휘를 활용하여 다양한 문장을 만들어 보세요

<table>
<tr><td rowspan="3">사자성어</td><td>고군분투
孤軍奮鬪</td><td></td></tr>
<tr><td>목불인견
目不忍見</td><td></td></tr>
<tr><td>시시비비
是是非非</td><td></td></tr>
<tr><td rowspan="6">속담·관용구</td><td colspan="2">쥐 구멍에도 볕 들 날 있다.</td></tr>
<tr><td colspan="2"></td></tr>
<tr><td colspan="2">목마른 놈이 우물 판다.</td></tr>
<tr><td colspan="2"></td></tr>
<tr><td colspan="2">몸을 던지다.</td></tr>
<tr><td colspan="2"></td></tr>
</table>

사자성어	진 수 성 찬 珍 羞 盛 饌	보배 진 / 부끄러울 수 / 성할 성 / 반찬 찬
의 미	풍성하게 차려진 진귀하고 맛있는 음식들	
예 문	1. 현균이는 생일에 **진수성찬**이 차려진 것을 보고 놀랐다. 2. 날마다 **진수성찬**을 먹으니 똥 배가 안나오고 배기나?	
따라쓰기	진 수 성 찬	

사자성어	측 은 지 심 惻 隱 之 心	슬퍼할 측 / 숨을 은 / 갈 지 / 마음 심
의 미	다른 사람을 가엽고 불쌍하게 생각하는 마음	
예 문	1. 구걸하는 사람을 보면 누구나 **측은지심**이 생긴다. 2. 아프리카의 굶주린 아이들을 보면 **측은지심**이 든다.	
따라쓰기	측 은 지 심	

사자성어	혼 연 일 체 渾 然 一 體	흐릴 혼 / 그럴 연 / 하나 일 / 몸 체
의 미	서로 다른 것들이 똘똘 뭉쳐서 완전히 하나가 됨	
예 문	1. 우리반은 **혼연일체**가 되어 운동회 계주에서 1등을 했다. 2. 경마에서 말과 기수는 **혼연일체**가 되어 달렸다.	
따라쓰기	혼 연 일 체	

속 담	쇠 귀에 경 읽기!
의 미	아무리 가르치고 알려줘도 알아듣지 못하거나 효과가 없음
따라쓰기	쇠 귀에 경 읽기!

속 담	재주는 곰이 넘고 돈은 주인이 받는다.
의 미	수고하여 일한 사람은 따로 있고, 그 일에 대한 댓가(보수)를 받는 사람이 따로 있음
따라쓰기	재주는 곰이 넘고 돈은 주인이 받는다.

관용구	성에 차다.
의 미	어떤 일을 하거나, 또는 하고 난 후 결과가 마음에 듬
따라쓰기	성에 차다.

어휘왕

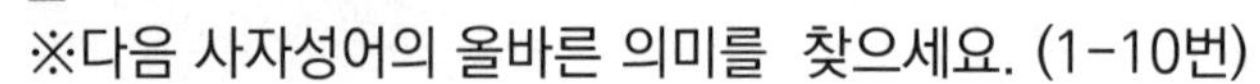

※다음 사자성어의 올바른 의미를 찾으세요. (1-10번)

01. 진수성찬 (   )

① 자기가 저지른 일은 자기가 해결해야 함
② 깊이 생각하지 않고 경솔하게 행동함
③ 모든 것은 차이가 있고 구별이 있음
④ 풍성하게 차려진 진귀하고 맛있는 음식들
⑤ 옳고 그름을 따짐

02. 목불인견 (   )

① 서로 옳고 그름을 따지며 다툼
② 도움 없이 힘에 벅찬 일들을 잘 해나감
③ 시기가 늦어 안타까움에 탄식함
④ 차마 눈 뜨고 볼 수 없음
⑤ 서로 다른 것들이 똘똘 뭉쳐서 완전히 하나가 됨

03. 호연지기 (   )

① 눈 앞에 두고도 모른다는 뜻, 아주 무식함
② 몹시 두려워 벌벌 떨며 조심함
③ 앞장서서 먼저 모범을 보임
④ 네 갈래, 다섯 갈래로 나누어지고 찢어짐
⑤ 바른 행동에서 비롯되는 거침없는 기상과 용기

04. 측은지심 (   )

① 좋은 물건을 보면 갖고 싶은 마음이 생김
② 다른 사람을 가엽고 불쌍하게 생각하는 마음
③ 달면 삼키고, 쓰면 뱉음
④ 확신을 가지고 자신 있게 말함
⑤ 융통성 없고 어리석은 사람을 비유함

05. 목불식정 (   )

① 눈 앞에 두고도 모른다는 뜻, 아주 무식함
② 차마 눈 뜨고 볼 수 없음
③ 모든 일이 뜻대로 잘 되어감
④ 도움 없이 힘에 벅찬 일들을 잘 해나감
⑤ 갑작스럽게 일어난 충격적이거나 어처구니없는 사고나 일

06. 주경야독 (   )

① 오랜 세월이 지나도 변하지 않음
② 자기가 저지른 일은 자기가 해결해야 함
③ 서로 옳고 그름을 따지며 다툼
④ 힘들고 어려운 상황에서도 열심히 공부함
⑤ 바른 행동에서 비롯되는 거침없는 기상과 용기

07. 명불허전 (   )

① 이제까지 들어보지 못했음
② 옳고 그름을 따짐
③ 힘들고 어려운 상황에서도 열심히 공부함
④ 헤아릴 수 없이 많은 사람
⑤ 세상에 이름이 널리 알려진 데는 마땅한 이유가 있음

08. 혼연일체 (   )

① 태어나고, 죽고, 괴롭고, 즐기는 일
② 물결처럼 계속 각가지 사연과 변화가 심함
③ 좋은 일 뒤에 나쁜 일이 따름
④ 서로 다른 것들이 똘똘 뭉쳐서 완전히 하나가 됨
⑤ 다른 의견 없이 모든 사람의 의견이 같음

09. 점입가경 (   )

① 깊이 생각하지 않고 경솔하게 행동함
② 들어갈수록 점점 더 아름다워짐
③ 세상에서 일어나는 온갖 일
④ 풍성하게 차려진 진귀하고 맛있는 음식들
⑤ 일이 진행되지 못하고 그 자리에 멈춘 것처럼 보임

10. 만장일치 (   )

① 어진 임금이 다스리는 평안한 세상이나 시대
② 차마 눈 뜨고 볼 수 없음
③ 다른 의견 없이 모든 사람의 의견이 같음
④ 풍성하게 차려진 진귀하고 맛있는 음식들
⑤ 눈 앞에 두고도 모른다는 뜻, 아주 무식함

어휘왕

※다음 속담과 관용구의 올바른 의미를 찾으세요 (11-15번)

사 사자성어 속 속담 관 관용구

11. 속 쇠 귀에 경 읽기! (   )

① 의지할 데가 있어야 무슨 일이든 할 수 있음
② 몸집은 작지만 재주가 뛰어나고 야무진 사람
③ 아무리 가르치고 알려줘도 알아듣지 못하거나 효과가 없음
④ 본래의 천성이 좋지 않은 사람은 어디 가든지 똑같음
⑤ 하기로 마음먹었을 때 망설이거나 미루지 말고 곧바로 행동으로 옮겨야 함

12. 속 소 잃고 외양간 고친다. (   )

① 여러 사람이 자기 주장만 내세우면 일을 제대로 할 수 없음
② 해줄 사람은 생각도 없는데, 이미 다 된 것처럼 미리부터 기대함
③ 가장 절실하고, 제일 급하고, 꼭 필요한 사람이 먼저 그 일을 서둘러 하게 됨
④ 꾸준히 지속적으로 노력하면 결국 얻거나 이룸
⑤ 일이 잘못된 뒤에는 손을 써도 소용이 없음

13. 속 재주는 곰이 넘고 돈은 주인이 받는다. (   )

① 수고하여 일한 사람은 따로 있고, 그 일에 대한 댓가(보수)를 받는 사람이 따로 있음
② 잘되리라 믿고 있던 일이 어긋나거나 믿고 있던 사람에게 배신을 당해 해를 입음
③ 아무것도 모르면 몸과 마음이 편해 좋을 수 있지만, 무엇이나 조금 알고 있으면 오히려 괴로움
④ 되면 좋고, 안되도 크게 아쉽다거나 안타까울 것이 없는 거래를 함
⑤ 전혀 생각하지 못한 상황에서 어려움을 당함

14. 관 누구 코에 붙이겠는가? (   )

① 사람은 많은데 나눌 물건이 턱없이 부족함
② 눈치 없이 쓸데없는 일에 참견함
③ 마음 속에 고통과 슬픔이 크게 맺혀 있음
④ 내 온 몸을 던질 만큼 어떤 일에 열중함, 가진 것을 다 바침
⑤ 물건이나 상품 등이 빠르게 팔려 나감

15. 관 성에 차다. (   )

① 어떤 일을 하거나, 또는 하고 난 후 결과가 마음에 듬
② 다가올 결과를 생각해가며 모든 것을 미리 살피고 일들을 처리함
③ 어떤 일이나 분위기, 상황, 생각 등을 이치나 논리에 맞게 바로 잡음
④ 큰 기쁨이나 슬픔, 그리고 감격으로 마음 속이 꽉 참
⑤ 다른 사람이나 물건에 대해 거듭해서 아주 좋게 말함

어휘왕

※다음 사자성어, 속담, 관용구의 올바른 의미를 쓰세요 (16-25번)

16. 사 진수성찬

17. 사 청천벽력

18. 사 측은지심

19. 사 파란만장

20. 사 혼연일체

21. 속 쇠 귀에 경 읽기!

22. 속 모르면 약이요 아는 게 병이다.

23. 속 재주는 곰이 넘고 돈은 주인이 받는다.

24. 관 손발이 맞다.

25. 관 성에 차다.

사 사자성어 속 속담 관 관용구

최종 점수 / 25

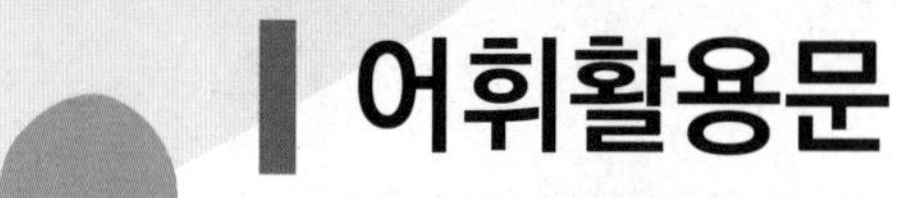

어휘활용문

※다음 어휘를 활용하여 다양한 문장을 만들어 보세요

구분	어휘	
사자성어	진수성찬 珍羞盛饌	
	측은지심 惻隱之心	
	혼연일체 渾然一體	
속담·관용구	쇠 귀에 경 읽기!	
	재주는 곰이 넘고 돈은 주인이 받는다.	
	성에 차다.	

사자성어

교 우 이 신
交 友 以 信

사귈	벗	써	믿을
교	우	이	신

의 미

친구를 사귈 때 믿음으로 사귐

예 문

1. 다은이는 친구를 사귈 때 **교우이신**의 자세를 갖고 있다.
2. **교우이신**은 사람 사이의 기본이 된다.

따라쓰기

교 우 이 신		

사자성어

무 아 도 취
無 我 陶 醉

없을	나	질그릇	취할
무	아	도	취

의 미

어떤 일에 마음을 빼앗겨 그 속에 흠뻑 빠져있음

예 문

1. 도윤이는 스마트 게임에 **무아도취**되어 식음을 전폐했다.
2. 현성이는 공부에 **무아도취**되어 주경야독의 생활을 하고 있다.

따라쓰기

무 아 도 취		

사자성어

시 종 일 관
始 終 一 貫

비로소	마칠	하나	꿸
시	종	일	관

의 미

처음부터 끝까지 일관되게 같음

예 문

1. 하성이는 **시종일관** 미소를 띠었다.
2. 그는 **시종일관** 책임을 회피하는 발언을 했다.

따라쓰기

시 종 일 관		

속 담

가재는 게 편이다.

의 미

옳고 그름을 따지지 않고, 친하다는 이유로 무조건 편을 들어주는 잘못된 상황

따라쓰기

가재는 게 편이다.

속 담

낫 놓고 기역 자도 모른다.

의 미

눈앞에 정답이 있는데 그걸 알지 못하는 무식한 사람을 이르는 말

따라쓰기

낫 놓고 기역 자도 모른다.

관용구

세상을 떠나다.

의 미

죽음을 의미함

따라쓰기

세상을 떠나다.

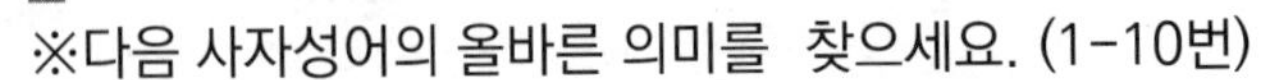

어휘왕

※다음 사자성어의 올바른 의미를 찾으세요. (1-10번)

01. 교우이신 (   )

① 처음부터 끝까지 일관되게 같음
② 앞장서서 먼저 모범을 보임
③ 친구를 사귈 때 믿음으로 사귀라는 의미
④ 태어나고, 죽고, 괴롭고, 즐기는 일
⑤ 갑작스럽게 일어난 충격적이거나 어처구니 없는 사고나 일

02. 측은지심 (   )

① 묻는 말에 대해서 아주 딴판인 엉뚱한 대답
② 시기가 늦어 안타까움에 탄식함
③ 눈 앞에 두고도 모른다는 뜻, 아주 무식함
④ 가을 바람에 떨어지는 낙엽
⑤ 다른 사람을 가엽고 불쌍하게 생각하는 마음

03. 시시비비 (   )

① 힘들고 어려운 상황에서도 열심히 공부함
② 들어갈수록 점점 더 아름다워짐
③ 옳고 그름을 따짐
④ 좋은 일 뒤에 나쁜 일이 따름
⑤ 집안이 화목하면 모든 일이 다 잘되어감

04. 무아도취 (   )

① 어떤 일에 마음을 빼앗겨 그 속에 흠뻑 빠져있음
② 모든 일이 뜻대로 잘 되어감
③ 풍성하게 차려진 진귀하고 맛있는 음식들
④ 물결처럼 계속 각가지 사연과 변화가 심함
⑤ 다른 의견 없이 모든 사람의 의견이 같음

05. 고군분투 (   )

① 확신을 가지고 자신 있게 말함
② 옳고 그름을 따짐
③ 여러 차례 죽을 고비를 겪고 겨우 살아남
④ 처음부터 끝까지 일관되게 같음
⑤ 도움 없이 힘에 벅찬 일들을 잘 해나감

06. 경거망동 (   )

① 세상에서 일어나는 온갖 일
② 네 갈래, 다섯 갈래로 나누어지고 찢어짐
③ 모든 것은 차이가 있고 구별이 있음
④ 깊이 생각하지 않고 경솔하게 행동함
⑤ 어떤 일에 마음을 빼앗겨 그 속에 흠뻑 빠져있음

07. 천편일률 (   )

① 사람이 살고 죽는 것은 하늘에 달려 있음
② 가르치고 배우면서 더불어 성장함
③ 다른 의견 없이 모든 사람의 의견이 같음
④ 옳고 그름을 따짐
⑤ 여럿이지만 서로 다른 특징 없이 모두 비슷함

08. 시종일관 (   )

① 모든 것은 차이가 있고 구별이 있음
② 처음부터 끝까지 일관되게 같음
③ 좋은 일 뒤에 나쁜 일이 따름
④ 친구를 사귈 때 믿음으로 사귀라는 의미
⑤ 오랜 세월이 지나도 변하지 않음

09. 결자해지 (   )

① 자기가 저지른 일은 자기가 해결해야 함
② 처음부터 끝까지 일관되게 같음
③ 차마 눈 뜨고 볼 수 없음
④ 봄, 여름, 가을, 겨울
⑤ 서로 다른 것들이 똘똘 뭉쳐서 완전히 하나가 됨

10. 설왕설래 (   )

① 일이 진행되지 못하고 그 자리에 멈춘 것처럼 보임
② 서로 옳고 그름을 따지며 다툼
③ 깊이 생각하지 않고 경솔하게 행동함
④ 세상에서 일어나는 온갖 일
⑤ 친구를 사귈 때 믿음으로 사귀라는 의미

어휘왕

※다음 속담과 관용구의 올바른 의미를 찾으세요 (11-15번)

사 사자성어 속 속담 관 관용구

11. 속 가재는 게 편이다. (   )

① 아무리 큰 일이라도 처음에는 작은 일부터 시작됨
② 옳고 그름을 따지지 않고, 친하다는 이유로, 무조건 편을 들어주는 잘못된 상황
③ 자기와 상관없는 일에 간섭하고 참견함
④ 일이 잘못된 뒤에는 손을 써도 소용이 없음
⑤ 아무리 가르치고 알려줘도 알아듣지 못하거나 효과가 없음

12. 속 가랑비에 옷 젖는 줄 모른다. (   )

① 남에게 말이나 행동을 좋게 해야 남도 나에게 좋게 함
② 새로 생긴 것이 이미 자리잡고 있던 것을 밀어냄
③ 몹시 고생하는 삶도 운수 좋은 날이 이를 수 있음
④ 사소한 것이라도 거듭되면 무시 못할 정도로 크게 됨
⑤ 같은 내용의 이야기라도 이렇게 말할 때 다르고, 저렇게 말할 때 다름

13. 속 낫 놓고 기역 자도 모른다. (   )

① 늘 말하며 바라던 것이 현실이 됨
② 제 것으로 만들지 못할 바에야 남도 같이 못 쓰게 하려는 심술 맞고 뒤틀린 마음
③ 무엇을 잘못해 놓고도 여러 가지 이유로 책임을 피하려는 사람을 가리킴
④ 눈앞에 정답이 있는데 그걸 알지 못하는 무식한 사람을 이르는 말
⑤ 남에게 악한 일을 하면 그 죄를 받을 때가 반드시 옴

14. 관 눈을 딱 감다. (   )

① 어떤 일이나 분위기, 상황, 생각 등을 이치나 논리에 맞게 바로 잡음
② 매우 짧은 순간
③ 아주 바쁠 때 빠르게 움직이는 상황
④ 더 이상 다른 것을 생각하지 않거나 다른 사람의 잘못이나 허물을 못 본 척 함
⑤ 어떤 일을 하거나, 또는 하고 난 후 결과가 마음에 듦

15. 관 세상을 떠나다. (   )

① 아직 어른이 되려면 한참 멀었음
② 나이가 들어 머리가 희끗희끗해짐
③ 죽음을 의미함
④ 어떤 일로 인해 깜짝 놀라거나 양심의 가책을 받는 상황
⑤ 부끄러운 일을 당하여 남을 대할 면목이 없음

어휘왕

※다음 사자성어, 속담, 관용구의 올바른 의미를 쓰세요 (16-25번)

16. 사 교우이신

»

21. 속 가재는 게 편이다.

»

17. 사 시시비비

»

22. 속 쇠뿔도 단김에 빼랬다.

»

18. 사 무아도취

»

23. 속 낫 놓고 기역 자도 모른다.

»

19. 사 전대미문

»

24. 관 몸을 던지다.

»

20. 사 시종일관

»

25. 관 세상을 떠나다.

»

사 사자성어 속 속담 관 관용구

최종 점수 / 25

어휘활용문

※다음 어휘를 활용하여 다양한 문장을 만들어 보세요.

사자성어		
	교우이신 交友以信	
	무아도취 無我陶醉	
	시종일관 始終一貫	

속담 · 관용구
가재는 게 편이다.
낫 놓고 기역 자도 모른다.
세상을 떠나다.

사자성어	진 퇴 양 난 進 退 兩 難	나아갈 진 / 물러날 퇴 / 두 양(량) / 어려울 난

의미 어느 하나를 선택할 수 없는 이러지도 못하고 저러지도 못하는 난감한 상황

예문
1. 아침 출근시간에 도로에 차들이 많아 **진퇴양난**에 빠졌다.
2. 뒤에는 추격병, 앞에는 큰 강이 놓여 **진퇴양난**에 빠졌다.

따라쓰기 진 퇴 양 난

사자성어	패 가 망 신 敗 家 亡 身	패할 패 / 집 가 / 망할 망 / 몸 신

의미 재산을 모두 써서 집안을 망치고, 몸 또한 망침

예문
1. 노름은 **패가망신**의 지름길이다.
2. 정은이는 방탕한 생활 끝내 **패가망신**의 길로 접어들었다.

따라쓰기 패 가 망 신

사자성어	확 고 부 동 確 固 不 動	굳을 확 / 굳을 고 / 아닐 부(불) / 움직일 동

의미 확고한 생각을 가져 어떤 상황에서도 흔들림이 없음

예문
1. 학교에서 호진이의 지위는 **확고부동**한 위치에 있다.
2. 지원이는 **확고부동**한 자세로 시험 공부를 준비하고 있다.

따라쓰기 확 고 부 동

속 담	수박 겉 핥기!
의 미	사물의 속 내용은 모르고 겉만 건드림
따라쓰기	수박 겉 핥기!

속 담	지렁이도 밟으면 꿈틀한다.
의 미	미천하거나 순하고 좋은 사람이라도 업신여기면 가만있지 않음
따라쓰기	지렁이도 밟으면 꿈틀한다.

관용구	속이 타다.
의 미	걱정이 되어 마음이 답답하거나 마음이 쓰여 안절부절 못함
따라쓰기	속이 타다.

어휘왕

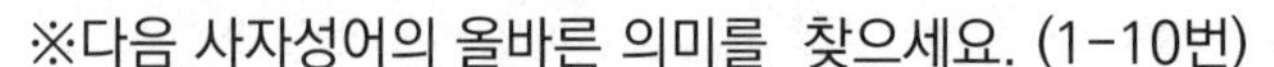

※다음 사자성어의 올바른 의미를 찾으세요. (1-10번)

01. 진퇴양난 (　　)

① 모든 것은 차이가 있고 구별이 있음
② 깊이 생각하지 않고 경솔하게 행동함
③ 어느 하나를 선택할 수 없는 이러지도 못하고 저러지도 못하는 난감한 상황
④ 앞장서서 먼저 모범을 보임
⑤ 자기가 저지른 일은 자기가 해결해야 함

02. 무아도취 (　　)

① 옳고 그름을 따짐
② 도움 없이 힘에 벅찬 일들을 잘 해나감
③ 친구를 사귈 때 믿음으로 사귀라는 의미
④ 들어갈수록 점점 더 아름다워짐
⑤ 어떤 일에 마음을 빼앗겨 그 속에 흠뻑 빠져있음

03. 혼연일체 (　　)

① 물결처럼 계속 각가지 사연과 변화가 심함
② 고통과 즐거움을 서로 같이 보냄
③ 풍성하게 차려진 진귀하고 맛있는 음식들
④ 서로 다른 것들이 똘똘 뭉쳐서 완전히 하나가 됨
⑤ 시기가 늦어 안타까움에 탄식함

04. 패가망신 (　　)

① 이제까지 들어보지 못했음
② 본 것과 들은 것이 서로 같음
③ 이제야 처음 듣는 말
④ 몹시 두려워 벌벌 떨며 조심함
⑤ 재산을 모두 써서 집안을 망치고, 몸 또한 망침

05. 진수성찬 (　　)

① 마음 먹은지 3일을 못감
② 네 갈래, 다섯 갈래로 나누어지고 찢어짐
③ 풍성하게 차려진 진귀하고 맛있는 음식들
④ 서로 다른 것들이 똘똘 뭉쳐서 완전히 하나가 됨
⑤ 밤,낮으로 쉬지 않음

06. 지지부진 (　　)

① 본 것과 들은 것이 서로 같음
② 밤,낮으로 쉬지 않음
③ 융통성 없고 어리석은 사람을 비유함
④ 눈 앞에 두고도 모른다는 뜻, 아주 무식함
⑤ 일이 진행되지 못하고 그 자리에 멈춘 것 처럼 보임

07. 목불식정 (　　)

① 눈 앞에 두고도 모른다는 뜻, 아주 무식함
② 좋은 물건을 보면 갖고 싶은 마음이 생김
③ 재산을 모두 써서 집안을 망치고, 몸 또한 망침
④ 마음 먹은지 3일을 못감
⑤ 서로 옳고 그름을 따지며 다툼

08. 확고부동 (　　)

① 대문 앞이 시장을 이룰 만큼 붐빔
② 차마 눈 뜨고 볼 수 없음
③ 확고한 생각을 가져 어떤 상황에서도 흔들림이 없음
④ 다른 의견 없이 모든 사람의 의견이 같음
⑤ 모든 일에 능통한 사람

09. 주경야독 (　　)

① 하나의 질문에 하나씩 대답함
② 힘들고 어려운 상황에서도 열심히 공부함
③ 처음부터 끝까지 일관되게 같음
④ 헤아릴 수 없이 많은 사람
⑤ 어느 하나를 선택할 수 없는 이러지도 못하고 저러지도 못하는 난감한 상황

10. 호사다마 (　　)

① 좋은 일 뒤에 나쁜 일이 따름
② 도움 없이 힘에 벅찬 일들을 잘 해나감
③ 여러 가지로 일이 많고, 어려움도 많음
④ 태어나고, 죽고, 괴롭고, 즐기는 일
⑤ 바른 행동에서 비롯되는 거침없는 기상과 용기

어휘왕

※다음 속담과 관용구의 올바른 의미를 찾으세요 (11-15번)

사 사자성어 속 속담 관 관용구

11. 속 수박 겉 핥기! (　　)

① 변변치 못한 집안에서 훌륭한 인물이 나옴
② 가장 절실하고, 제일 급하고, 꼭 필요한 사람이 먼저 그 일을 서둘러 하게 됨
③ 사물의 속 내용은 모르고 겉만 건드림
④ 여러 사람이 자기 주장만 내세우면 일을 제대로 할 수 없음
⑤ 수고하여 일한 사람은 따로 있고, 그 일에 대한 댓가(보수)를 받는 사람이 따로 있음

12. 속 못 먹는 감 찔러나 본다. (　　)

① 꾸준히 지속적으로 노력하면 결국 얻거나 이룸
② 제 것으로 만들지 못할 바에야 남도 같이 못 쓰게 하려는 심술 맞고 뒤틀린 마음
③ 남의 것이 내 것보다 더 좋아보이고, 남의 일이 내 일보다 더 쉬워보임
④ 눈앞에 정답이 있는데 그걸 알지 못하는 무식한 사람을 이르는 말
⑤ 전혀 생각하지 못한 상황에서 어려움을 당함

13. 속 지렁이도 밟으면 꿈틀한다. (　　)

① 미천하거나 순하고 좋은 사람이라도 업신여기면 가만있지 않음
② 본래의 천성이 좋지 않은 사람은 어디 가든지 똑같음
③ 몸집은 작지만 재주가 뛰어나고 야무진 사람
④ 의지할 데가 있어야 무슨 일이든 할 수 있음
⑤ 어떤 일을 하려는데 생각지도 못한 일이 생김

14. 관 머리에 서리가 앉다. (　　)

① 다른 사람이나 물건에 대해 거듭해서 아주 좋게 말함
② 나이가 들어 머리가 희끗희끗해짐
③ 함께 일을 하는 데에 마음이나 의견, 행동 따위가 맞음
④ 다가올 결과를 생각해가며 모든 것을 미리 살피고 일들을 처리함
⑤ 부끄러운 일을 당하여 남을 대할 면목이 없음

15. 관 속이 타다. (　　)

① 아직 어른이 되려면 한참 멀었음
② 함께 일을 하는 데에 마음이나 의견, 행동 따위가 맞음
③ 걱정이 되어 마음이 답답하거나 마음이 쓰여 안절부절 못함
④ 물건이나 상품 등이 빠르게 팔려 나감
⑤ 다가올 결과를 생각해가며 모든 것을 미리 살피고 일들을 처리함

어휘왕

※다음 사자성어, 속담, 관용구의 올바른 의미를 쓰세요 (16-25번)

16. 사 진퇴양난

17. 사 측은지심

18. 사 패가망신

19. 사 지지부진

20. 사 확고부동

21. 속 수박 겉 핥기!

22. 속 목마른 놈이 우물 판다.

23. 속 지렁이도 밟으면 꿈틀한다.

24. 관 성에 차다.

25. 관 속이 타다.

사 사자성어 속 속담 관 관용구

최종 점수 / 25

어휘활용문

※다음 어휘를 활용하여 다양한 문장을 만들어 보세요

사자성어		
	진퇴양난 進退兩難	
	패가망신 敗家亡身	
	확고부동 確固不動	

속담·관용구	
	수박 겉 핥기
	지렁이도 밟으면 꿈틀한다.
	속이 타다.

사자성어	심 기 일 전 心 機 一 轉	마음 틀 하나 구르를 심 기 일 전

의 미 이미 가졌던 마음이 완전히 달라짐

예 문
1. 정수는 이번 일을 계기로 **심기일전**하여 공부했다.
2. 장수들이 **심기일전**하여 반격을 가해 적을 섬멸했다.

따라쓰기 심 기 일 전

사자성어	묵 묵 부 답 黙 黙 不 答	잠잠할 잠잠할 아닐 대답 묵 묵 부(불) 답

의 미 어떤 질문이나 행동을 하였을 때 그에 대한 아무런 답을 하지 않음

예 문
1. 그는 자신의 상태에 대해서 **묵묵부답**의 자세로 일관했다.
2. 하준이는 어려운 문제 앞에서는 늘 **묵묵부답**이다.

따라쓰기 묵 묵 부 답

사자성어	십 시 일 반 十 匙 一 飯	열 숟가락 하나 밥 십 시 일 반

의 미 여럿이 작은 힘을 모으면 무엇이든 쉬움

예 문
1. 우리 서로 **십시일반**으로 조금씩 모아서 치킨을 사먹자!
2. 연말에는 사람들이 **십시일반** 성금을 모아 이웃을 돕는다.

따라쓰기 십 시 일 반

속 담	**티끌 모아 태산이다.**
의 미	차근차근하며 작은 것을 모으면 큰 것을 이룸
따라쓰기	티끌 모아 태산이다.

속 담	**짚신도 제 짝이 있다.**
의 미	보잘 것 없는 사람도 자기와 어울릴 짝이 있음
따라쓰기	짚신도 제 짝이 있다.

관용구	**자취를 감추다.**
의 미	다른 사람들 모르게 어디로 감.어떤 사물이나 현상 따위가 없어지거나 바뀜
따라쓰기	자취를 감추다.

어휘왕

※다음 사자성어의 올바른 의미를 찾으세요. (1-10번)

01. 심기일전 ( )

① 도움 없이 힘에 벅찬 일들을 잘 해나감
② 차마 눈 뜨고 볼 수 없음
③ 이미 가졌던 마음이 완전히 달라짐
④ 재산을 모두 써서 집안을 망치고, 몸 또한 망침
⑤ 옳고 그름을 따짐

02. 패가망신 ( )

① 자기가 저지른 일은 자기가 해결해야 함
② 깊이 생각하지 않고 경솔하게 행동함
③ 풍성하게 차려진 진귀하고 맛있는 음식들
④ 시기가 늦어 안타까움에 탄식함
⑤ 재산을 모두 써서 집안을 망치고, 몸 또한 망침

03. 교우이신 ( )

① 친구를 사귈 때 믿음으로 사귀라는 의미
② 좋은 일 뒤에 나쁜 일이 따름
③ 힘들고 어려운 상황에서도 열심히 공부함
④ 한 입으로 두 말을 함
⑤ 확고한 생각을 가져 어떤 상황에서도 흔들림이 없음

04. 묵묵부답 ( )

① 물결처럼 계속 각가지 사연과 변화가 심함
② 처음부터 끝까지 일관되게 같음
③ 눈 앞에 두고도 모른다는 뜻, 아주 무식함
④ 달면 삼키고, 쓰면 뱉음
⑤ 어떤 질문이나 행동을 하였을 때 그에 대한 아무런 답을 하지 않음

05. 시시비비 ( )

① 네 갈래, 다섯 갈래로 나누어지고 찢어짐
② 여러 사람이 서로 자신의 주장을 내세우며 상대편의 주장을 반박함
③ 이미 가졌던 마음이 완전히 달라짐
④ 옳고 그름을 따짐
⑤ 모든 일이 뜻대로 잘 되어감

06. 고군분투 ( )

① 도움 없이 힘에 벅찬 일들을 잘 해나감
② 여럿이 작은 힘을 모으면 무엇이든 쉬움
③ 사람이 살고 죽는 것은 하늘에 달려 있음
④ 확신을 가지고 자신 있게 말함
⑤ 마음이 공정하고 명백하여 조금도 사사로움이 없이 바름

07. 청천벽력 ( )

① 여러 차례 죽을 고비를 겪고 겨우 살아남
② 앞장서서 먼저 모범을 보임
③ 친구를 사귈 때 믿음으로 사귀라는 의미
④ 몹시 두려워 벌벌 떨며 조심함
⑤ 갑작스럽게 일어난 충격적이거나 어처구니 없는 사고나 일

08. 십시일반 ( )

① 좋은 물건을 보면 갖고 싶은 마음이 생김
② 여럿이 작은 힘을 모으면 무엇이든 쉬움
③ 세상 일의 온갖 고난을 겪은 경험을 비유함
④ 이미 가졌던 마음이 완전히 달라짐
⑤ 개와 원숭이 사이의 관계라는 뜻으로, 서로 관계가 아주 나쁜 사이

09. 경거망동 ( )

① 어떤 일에 마음을 빼앗겨 그 속에 흠뻑 빠져있음
② 이제까지 들어보지 못했음
③ 여럿이 작은 힘을 모으면 무엇이든 쉬움
④ 깊이 생각하지 않고 경솔하게 행동함
⑤ 집안이 화목하면 모든 일이 다 잘되어감

10. 천편일률 ( )

① 융통성 없고 어리석은 사람을 비유함
② 헤아릴 수 없이 많은 사람
③ 여럿이지만 서로 다른 특징 없이 모두 비슷함
④ 밤,낮으로 쉬지 않음
⑤ 태어나고, 죽고, 괴롭고, 즐기는 일

※다음 속담과 관용구의 올바른 의미를 찾으세요 (11-15번)

사 사자성어 속 속담 관 관용구

11. 속 티끌 모아 태산이다. (　　)

① 남에게 악한 일을 하면 그 죄를 받을 때가 반드시 옴
② 제 것으로 만들지 못할 바에야 남도 같이 못 쓰게 하려는 심술 맞고 뒤틀린 마음
③ 아무리 가르치고 알려줘도 알아듣지 못하거나 효과가 없음
④ 늘 말하며 바라던 것이 현실이 됨
⑤ 차근차근하며 작은 것을 모으면 큰 것을 이룸

12. 속 굴러온 돌이 박힌 돌 뺀다. (　　)

① 새로 생긴 것이 이미 자리잡고 있던 것을 밀어냄
② 같은 내용의 이야기라도 이렇게 말할 때 다르고, 저렇게 말할 때 다름
③ 사물의 속 내용은 모르고 겉만 건드림
④ 무엇을 잘못해 놓고도 여러 가지 이유로 책임을 피하려는 사람을 가리킴
⑤ 옳고 그름을 따지지 않고, 친하다는 이유로, 무조건 편을 들어주는 잘못된 상황

13. 속 짚신도 제 짝이 있다. (　　)

① 보잘 것 없는 사람도 자기와 어울릴 짝이 있음
② 누구나 마음속으로만 애태울 것이 아니라 말을 해야 함
③ 남에게 말이나 행동을 좋게 해야 남도 나에게 좋게 함
④ 사소한 것이라도 거듭되면 무시 못할 정도로 크게 됨
⑤ 일이 잘못된 뒤에는 손을 써도 소용이 없음

14. 관 손발이 맞다. (　　)

① 어떤 일이나 분위기, 상황, 생각 등을 이치나 논리에 맞게 바로 잡음
② 더 이상 다른 것을 생각하지 않거나 다른 사람의 잘못이나 허물을 못 본 척 함
③ 함께 일을 하는 데에 마음이나 의견, 행동 따위가 맞음
④ 어떤 일을 하거나, 또는 하고 난 후 결과가 마음에 듬
⑤ 여러 사람이 같은 의견을 말함

15. 관 자취를 감추다. (　　)

① 다른 사람들 모르게 어디로 감, 어떤 사물이나 현상 따위가 없어지거나 바뀜
② 걱정이 되어 마음이 답답하거나 마음이 쓰여 안절부절 못함
③ 무섭거나 놀라서 날카롭게 신경이 예민해짐
④ 나이가 들어 머리가 희끗희끗해짐
⑤ 욕심을 내어 눈여겨봄

어휘왕

※다음 사자성어, 속담, 관용구의 올바른 의미를 쓰세요 (16-25번)

16. 사 심기일전

»

21. 속 티끌 모아 태산이다.

»

17. 사 시종일관

»

22. 속 재주는 곰이 넘고 돈은 주인이 받는다.

»

18. 사 묵묵부답

»

23. 속 짚신도 제 짝이 있다.

»

19. 사 혼연일체

»

24. 관 세상을 떠나다.

»

20. 사 십시일반

»

25. 관 자취를 감추다.

»

사 사자성어 속 속담 관 관용구

최종 점수	/ 25

어휘활용문

※다음 어휘를 활용하여 다양한 문장을 만들어 보세요

사자성어	심기일전 心機一轉	
	묵묵부답 默默不答	
	십시일반 十匙一飯	

속담·관용구	
	티끌 모아 태산이다.
	짚신도 제 짝이 있다.
	자취를 감추다.

사자성어	차 일 피 일 此 日 彼 日	이 날 저 날 차 일 피 일
의 미	'오늘, 내일' 하며 날짜를 자꾸 미룸	
예 문	1. 하민이는 시험공부를 **차일피일** 미루다 낭패를 당했다. 2. 그는 빚을 갚겠다고 말만 하고 **차일피일** 시간만 끌었다.	
따라쓰기	차 일 피 일	

사자성어	포 복 절 도 抱 腹 絶 倒	안을 배 끊을 넘어질 포 복 절 도
의 미	배를 안고 넘어질 정도로 웃음 '너무 웃어서 배가 아픔'	
예 문	1. 이 만화책을 읽고 있으면 **포복절도**가 절로 나온다. 2. 요한이의 춤은 모든 사람들을 **포복절도**하게 만든다.	
따라쓰기	포 복 절 도	

사자성어	회 자 정 리 會 者 定 離	모일 놈 정할 떠날 회 자 정 리(이)
의 미	만남 뒤에는 이별이 있음. 모든 것이 쓸모없고 허무함	
예 문	1. 그는 혼자 남은 깊은 외로움에 **회자정리**를 깨달았다. 2. 인생의 모든 것은 한마디로 **회자정리**라고 정의할 수 있다.	
따라쓰기	회 자 정 리	

속 담

숭어가 뛰니까 망둥이도 뛴다.

의 미

제 처지는 생각하지 않고 자신보다 나은 사람의 행동을 무조건 따라함

따라쓰기

숭어가 뛰니까 망둥이도 뛴다.

속 담

콩으로 메주를 쑨다 하여도 곧이 듣지 않는다.

의 미

거짓말을 자주 하는 사람의 말은 사실을 말해도 믿지 않음.
거짓말 하는 사람은 신뢰할 수 없음

따라쓰기

콩으로 메주를 쑨다 하여도 곧이 듣지 않는다.

관용구

정신이 빠지다.

의 미

바르지 못하고 비정상적으로 행동함
얼떨떨하여 무엇을 알아차리거나 기억하지 못함

따라쓰기

정신이 빠지다.

어휘왕

※다음 사자성어의 올바른 의미를 찾으세요. (1-10번)

01. 차일피일 (   )

① 도움 없이 힘에 벅찬 일들을 잘 해나감
② '오늘, 내일' 하며 날짜를 자꾸 미룸
③ 친구를 사귈 때 믿음으로 사귀라는 의미
④ 어떤 질문이나 행동을 하였을 때 그에 대한 아무런 답을 하지 않음
⑤ 차마 눈 뜨고 볼 수 없음

02. 진퇴양난 (   )

① 모든 일에 능통한 사람
② 어느 하나를 선택할 수 없는 이러지도 못하고 저러지도 못하는 난감한 상황
③ 풍성하게 차려진 진귀하고 맛있는 음식들
④ 이미 가졌던 마음이 완전히 달라짐
⑤ 여러 가지로 일이 많고, 어려움도 많음

03. 확고부동 (   )

① 사람이 살고 죽는 것은 하늘에 달려 있음
② 처음부터 끝까지 일관되게 같음
③ 확고한 생각을 가져 어떤 상황에서도 흔들림이 없음
④ 확신을 가지고 자신 있게 말함
⑤ 여럿이 작은 힘을 모으면 무엇이든 쉬움

04. 포복절도 (   )

① 한 입으로 두 말을 함
② 앞장서서 먼저 모범을 보임
③ 깊이 생각하지 않고 경솔하게 행동함
④ 세상에서 일어나는 온갖 일
⑤ 배를 안고 넘어질 정도로 웃음 '너무 웃어서 배가 아픔'

05. 무아도취 (   )

① 눈 앞에 두고도 모른다는 뜻, 아주 무식함
② 여러 차례 죽을 고비를 겪고 겨우 살아남
③ '오늘, 내일' 하며 날짜를 자꾸 미룸
④ 몹시 두려워 벌벌 떨며 조심함
⑤ 어떤 일에 마음을 빼앗겨 그 속에 흠뻑 빠져있음

06. 진수성찬 (   )

① 본 것과 들은 것이 서로 같음
② 묻는 말에 대해서 아주 딴판인 엉뚱한 대답
③ 배를 안고 넘어질 정도로 웃음 '너무 웃어서 배가 아픔'
④ 풍성하게 차려진 진귀하고 맛있는 음식들
⑤ 고통과 즐거움을 서로 같이 보냄

07. 목불인견 (   )

① 좋은 물건을 보면 갖고 싶은 마음이 생김
② 가르치고 배우면서 더불어 성장함
③ 이제야 처음 듣는 말
④ '오늘, 내일' 하며 날짜를 자꾸 미룸
⑤ 차마 눈 뜨고 볼 수 없음

08. 회자정리 (   )

① 밤,낮으로 쉬지 않음
② 태어나고, 죽고, 괴롭고, 즐기는 일
③ 옳고 그름을 따짐
④ 만남 뒤에는 이별이 있음, 모든 것이 쓸모없고 허무함
⑤ 대문 앞이 시장을 이룰 만큼 붐빔

09. 목불식정 (   )

① 오랜 세월이 지나도 변하지 않음
② 만남 뒤에는 이별이 있음, 모든 것이 쓸모없고 허무함
③ 마음 먹은지 3일을 못감
④ 눈 앞에 두고도 모른다는 뜻, 아주 무식함
⑤ 물결처럼 계속 각가지 사연과 변화가 심함

10. 호언장담 (   )

① 모든 일이 뜻대로 잘 되어감
② 확신을 가지고 자신 있게 말함
③ 다른 의견 없이 모든 사람의 의견이 같음
④ 가을 바람에 떨어지는 낙엽
⑤ 확고한 생각을 가져 어떤 상황에서도 흔들림이 없음

어휘왕

※다음 속담과 관용구의 올바른 의미를 찾으세요 (11-15번)

사 사자성어 속 속담 관 관용구

11. 속 숭어가 뛰니까 망둥이도 뛴다. (　　)

① 잘되리라 믿고 있던 일이 어긋나거나 믿고 있던 사람에게 배신을 당해 해를 입음
② 제 처지는 생각하지 않고 자신보다 나은 사람의 행동을 무조건 따라함
③ 몸집은 작지만 재주가 뛰어나고 야무진 사람
④ 미천하거나 순하고 좋은 사람이라도 업신여기면 가만있지 않음
⑤ 가장 절실하고, 제일 급하고, 꼭 필요한 사람이 먼저 그 일을 서둘러 하게 됨

12. 속 쇠 귀에 경 읽기! (　　)

① 아무것도 모르면 몸과 마음이 편해 좋을 수 있지만, 무엇이나 조금 알고 있으면 오히려 괴로움
② 눈앞에 정답이 있는데 그걸 알지 못하는 무식한 사람을 이르는 말
③ 의지할 데가 있어야 무슨 일이든 할 수 있음
④ 보잘 것 없는 사람도 자기와 어울릴 짝이 있음
⑤ 아무리 가르치고 알려줘도 알아듣지 못하거나 효과가 없음

13. 속 콩으로 메주를 쑨다 하여도 곧이 듣지 않는다. (　　)

① 남의 것이 내 것보다 더 좋아보이고, 남의 일이 내 일보다 더 쉬워보임
② 되면 좋고, 안되도 크게 아쉽다거나 안타까울 것이 없는 거래를 함
③ 말과 행동이 특출나거나 거슬리면 미움을 받음
④ 거짓말을 자주 하는 사람의 말을 믿지 않음, 거짓말 하는 사람은 신뢰할 수 없음
⑤ 수고하여 일한 사람은 따로 있고, 그 일에 대한 댓가(보수)를 받는 사람이 따로 있음

14. 관 몸을 던지다. (　　)

① 나이가 들어 머리가 희끗희끗해짐
② 내 온 몸을 던질 만큼 어떤 일에 열중함, 가진 것을 다 바침
③ 어떤 일을 하거나, 또는 하고 난 후 결과가 마음에 듬
④ 걱정이 되어 마음이 답답하거나 마음이 쓰여 안절부절 못함
⑤ 부끄러운 일을 당하여 남을 대할 면목이 없음

15. 관 정신이 빠지다. (　　)

① 사람은 많은데 나눌 물건이 턱없이 부족함
② 함께 일을 하는 데에 마음이나 의견, 행동 따위가 맞음
③ 다른 사람들 모르게 어디로 감, 어떤 사물이나 현상 따위가 없어지거나 바뀜
④ 여러 사람이 같은 의견을 말함
⑤ 바르지 못하고 비정상적으로 행동함, 얼떨떨하여 무엇을 알아차리거나 기억하지 못함

어휘왕

※다음 사자성어, 속담, 관용구의 올바른 의미를 쓰세요 (16-25번)

16. 사 차일피일

»

17. 사 진퇴양난

»

18. 사 포복절도

»

19. 사 교우이신

»

20. 사 회자정리

»

21. 속 숭어가 뛰니까 망둥이도 뛴다.

»

22. 속 낫 놓고 기역 자도 모른다.

»

23. 속 콩으로 메주를 쑨다 하여도 곧이 듣지 않는다.

»

24. 관 속이 타다.

»

25. 관 정신이 빠지다.

»

사 사자성어 속 속담 관 관용구

최종 점수 / 25

어휘활용문

※다음 어휘를 활용하여 다양한 문장을 만들어 보세요

구분	어휘	문장
사자성어	차일피일 此日彼日	
	포복절도 抱腹絶倒	
	회자정리 會者定離	
속담 · 관용구	숭어가 뛰니까 망둥이도 뛴다.	
	콩으로 메주를 쑨다 하여도 곧이 듣지 않는다.	
	정신이 빠지다.	

사자성어	궁 여 지 책 窮 餘 之 策	궁할 궁	남을 여	갈 지	꾀 책
의 미	이러지도 저러지도 못하는 좋지 않은 상황을 해결하기 위한 어쩔 수 없는 방법				
예 문	1. 일성이는 내키지 않았지만 **궁여지책**으로 거짓을 말했다. 2. 그 계책은 그가 생각해 낼 수 있는 **궁여지책**이었다.				
따라쓰기	궁 여 지 책				

사자성어	박 학 다 식 博 學 多 識	넓을 박	배울 학	많을 다	알 식
의 미	다양한 분야에 대한 많은 지식을 가진 사람				
예 문	1. 많은 독서는 사람을 **박학다식**하게 만든다. 2. **박학다식**한 사람은 어느 곳에서나 인기가 많다.				
따라쓰기	박 학 다 식				

사자성어	아 연 실 색 啞 然 失 色	벙어리 아	그럴 연	잃을 실	색 색
의 미	생각지도 못한 일에 얼굴색이 변할 만큼 놀람				
예 문	1. 그 장난에 달빛이가 어찌나 **아연실색**하던지, 내가 더 놀랐다. 2. 그가 꾸민 음모에 우리는 **아연실색**하여 아무 말도 못했다.				
따라쓰기	아 연 실 색				

속 담

가지 많은 나무에 바람 잘 날 없다.

의 미

자식이 많은 부모는 걱정이 끊일 날이 없고, 할 일이 많아 편한 날이 없음

따라쓰기

가지 많은 나무에 바람 잘 날 없다.

속 담

말 한마디에 천 냥 빚을 갚는다.

의 미

말만 잘하면 어려운 일이나 불가능해 보이는 일도 해결할 수 있음

따라쓰기

말 한마디에 천 냥 빚을 갚는다.

관용구

종종걸음을 하다.

의 미

아주 바쁠 때 빠르게 움직이는 상황

따라쓰기

종종걸음을 하다.

어휘왕

※다음 사자성어의 올바른 의미를 찾으세요. (1-10번)

01. 궁여지책 (   )

① 이러지도 저러지도 못하는 좋지 않은 상황을 해결하기 위한 어쩔 수 없는 방법
② 세 명, 다섯 명씩 여럿이 모여 있음
③ 고통과 즐거움을 서로 같이 보냄
④ 도움 없이 힘에 벅찬 일들을 잘 해나감
⑤ 온 마음과 뜻을 다해서 노력함

02. 포복절도 (   )

① 확신을 가지고 자신 있게 말함
② 자기가 저지른 일은 자기가 해결해야 함
③ 배를 안고 넘어질 정도로 웃음 '너무 웃어서 배가 아픔'
④ 차마 눈 뜨고 볼 수 없음
⑤ 힘들고 어려운 상황에서도 열심히 공부함

03. 심기일전 (   )

① 좋은 일 뒤에 나쁜 일이 따름
② 앞장서서 먼저 모범을 보임
③ 만남 뒤에는 이별이 있음, 모든 것이 쓸모없고 허무함
④ 깊이 생각하지 않고 경솔하게 행동함
⑤ 이미 가졌던 마음이 완전히 달라짐

04. 박학다식 (   )

① 집안이 화목하면 모든 일이 다 잘되어감
② 다양한 분야에 대한 많은 지식을 가진 사람
③ 풍성하게 차려진 진귀하고 맛있는 음식들
④ 어진 임금이 다스리는 평안한 세상이나 시대
⑤ '오늘, 내일' 하며 날짜를 자꾸 미룸

05. 시종일관 (   )

① 확고한 생각을 가져 어떤 상황에서도 흔들림이 없음
② 모든 것은 차이가 있고 구별이 있음
③ 처음부터 끝까지 일관되게 같음
④ 여러 차례 죽을 고비를 겪고 겨우 살아남
⑤ 밤,낮으로 쉬지 않음

06. 교우이신 (   )

① 좋은 물건을 보면 갖고 싶은 마음이 생김
② 이제야 처음 듣는 말
③ 여럿이 작은 힘을 모으면 무엇이든 쉬움
④ 친구를 사귈 때 믿음으로 사귀라는 의미
⑤ 여러 사람이 서로 자신의 주장을 내세우며 상대편의 주장을 반박함

07. 측은지심 (   )

① 다양한 분야에 대한 많은 지식을 가진 사람
② 본 것과 들은 것이 서로 같음
③ 세상 일의 온갖 고난을 겪은 경험을 비유함
④ 다른 사람을 가엽고 불쌍하게 생각하는 마음
⑤ 눈 앞에 두고도 모른다는 뜻, 아주 무식함

08. 아연실색 (   )

① 한 입으로 두 말을 함
② 옳고 그름을 따짐
③ 융통성 없고 어리석은 사람을 비유함
④ 사람이 살고 죽는 것은 하늘에 달려 있음
⑤ 생각지도 못한 일에 얼굴색이 변할 만큼 놀람

09. 고군분투 (   )

① 가을 바람에 떨어지는 낙엽
② 여럿이 작은 힘을 모으면 무엇이든 쉬움
③ 도움 없이 힘에 벅찬 일들을 잘 해나감
④ 눈 앞에 두고도 모른다는 뜻, 아주 무식함
⑤ 여럿이지만 서로 다른 특징 없이 모두 비슷함

10. 솔선수범 (   )

① 오랜 세월이 지나도 변하지 않음
② 모든 일이 뜻대로 잘 되어감
③ 앞장서서 먼저 모범을 보임
④ 고통과 즐거움을 서로 같이 보냄
⑤ 어떤 질문이나 행동을 하였을 때 그에 대한 아무런 답을 하지 않음

어휘왕

※다음 속담과 관용구의 올바른 의미를 찾으세요 (11-15번)

사 사자성어 속 속담 관 관용구

11. 속 가지 많은 나무에 바람 잘 날 없다. (   )

① 아무리 훌륭하고 좋은 것이라도 다듬고 정리해야 가치가 있음
② 아무리 가르치고 알려줘도 알아듣지 못하거나 효과가 없음
③ 사소한 것이라도 거듭되면 무시 못할 정도로 크게 됨
④ 자식이 많은 부모는 걱정이 끊일 날이 없고, 할 일이 많아 편한 날이 없음
⑤ 일이 잘못된 뒤에는 손을 써도 소용이 없음

12. 속 가재는 게 편이다. (   )

① 제 것으로 만들지 못할 바에야 남도 같이 못 쓰게 하려는 심술 맞고 뒤틀린 마음
② 아무리 많아도 쓰면 줄어듦. 아껴서 사용하라는 의미
③ 제 처지는 생각하지 않고 자신보다 나은 사람의 행동을 무조건 따라함
④ 사소한 버릇이라도 한번 몸에 배면 고치기 어려움
⑤ 옳고 그름을 따지지 않고, 친하다는 이유로 무조건 편을 들어주는 잘못된 상황

13. 속 말 한마디에 천 냥 빚을 갚는다. (   )

① 어떤 행동을 하기 전에 모든 전후 상황을 고려해야함
② 새로 생긴 것이 이미 자리잡고 있던 것을 밀어냄
③ 말만 잘하면 어려운 일이나 불가능해 보이는 일도 해결할 수 있음
④ 차근차근하며 작은 것을 모으면 큰 것을 이룸
⑤ 남의 결점을 드러내기는 자기 허물을 말하기보다 쉬움

14. 관 성에 차다. (   )

① 물건이나 상품 등이 빠르게 팔려 나감
② 어떤 일을 하거나, 또는 하고 난 후 결과가 마음에 듦
③ 함께 일을 하는 데에 마음이나 의견, 행동 따위가 맞음
④ 다른 사람들 모르게 어디로 감, 어떤 사물이나 현상 따위가 없어지거나 바뀜
⑤ 다른 사람이나 물건에 대해 거듭해서 아주 좋게 말함

15. 관 종종걸음을 하다. (   )

① 걱정이 되어 마음이 답답하거나 마음이 쓰여 안절부절 못함
② 눈썹 사이를 찌푸려 못마땅함을 표현함
③ 낌새를 채고 피해 달아남
④ 아주 바쁠 때 빠르게 움직이는 상황
⑤ 걱정이 되어 마음이 답답하거나 마음이 쓰여 안절부절 못함

어휘왕

※다음 사자성어, 속담, 관용구의 올바른 의미를 쓰세요 (16-25번)

16. 사 궁여지책

»

17. 사 심기일전

»

18. 사 박학다식

»

19. 사 확고부동

»

20. 사 아연실색

»

21. 속 가지 많은 나무에 바람 잘날 없다.

»

22. 속 지렁이도 밟으면 꿈틀한다.

»

23. 속 말 한마디에 천 냥 빚을 갚는다.

»

24. 관 자취를 감추다.

»

25. 관 종종걸음을 하다.

»

최종 점수	/ 25

어휘활용문

※다음 어휘를 활용하여 다양한 문장을 만들어 보세요

구분	어휘	문장
사자성어	궁여지책 窮餘之策	
	박학다식 博學多識	
	아연실색 啞然失色	
속담 · 관용구	가지 많은 나무에 바람 잘 날 없다.	
	말 한마디에 천 냥 빚을 갚는다.	
	종종걸음을 하다.	

다산 정약용
(1762~1836)
조선후기 문신·실학자

겸손은 사람을 머물게 하고,

칭찬은 사람을 가깝게 하고,

넓음은 사람을 따르게 하고,

깊음은 사람을 감동케 한다.

-다산 정약용-

10일 광장 어휘
(11-20일)

사자성어 30개
속담 20개
관용구 10개

사자성어	천 방 지 축 天 方 地 軸	하늘 천 / 모 방 / 땅 지 / 굴대 축
의 미	행동이나 생각을 종잡을 수 없게 함부로 함	
예 문	1. 지윤이는 **천방지축**이어서 어디로 튈지 모른다. 2. 고등학생이 된 우리는 이제 **천방지축**으로 놀 나이가 아니다.	
따라쓰기	천 방 지 축	

사자성어	표 리 부 동 表 裏 不 同	겉 표 / 속 리(이) / 아닐 부(불) / 같을 동
의 미	속마음과 겉으로 하는 행동이나 말이 같지 않음. '속다르고 겉다르다'	
예 문	1. 그는 매사에 **표리부동**한 사람으로 소문이 자자하다 2. **표리부동**한 사람과는 같이 일하지 않는 편이 좋다.	
따라쓰기	표 리 부 동	

사자성어	횡 설 수 설 橫 說 竪 說	가로 횡 / 말씀 설 / 세울 수 / 말씀 설
의 미	두서없이 이말 저말 나오는 대로 떠듬	
예 문	1. 할어버지는 약주를 드시고선 **횡설수설** 하셨다. 2. 세 친구는 저마다 **횡설수설** 되는대로 지껄일 뿐이었다.	
따라쓰기	횡 설 수 설	

1일 2일 3일 4일 5일 6일 7일 8일 9일 10일 11일 12일 13일 14일 15일 16일 17일 18일 19일 20일 정답

속 담 **참새가 방앗간을 그냥 지나랴!**

의 미 욕심 많은 사람이 자기에게 이익이 되는 것을 보면 가만히 있지 못함

따라쓰기 참새가 방앗간을 그냥 지나랴!

속 담 **하늘이 무너져도 솟아날 구멍이 있다.**

의 미 아무리 어려운 상황이라도 포기하지 않으면 분명 살아나갈 방도가 있음

따라쓰기 하늘이 무너져도 솟아날 구멍이 있다.

관용구 **줄행랑을 치다.**

의 미 낌새를 채고 피해 달아남

따라쓰기 줄행랑을 치다.

어휘왕

※다음 사자성어의 올바른 의미를 찾으세요. (1-10번)

01. 천방지축 (   )

① 모든 일이 뜻대로 잘 되어감
② 두서없이 이말 저말 나오는 대로 떠듬
③ 모든 것은 차이가 있고 구별이 있음
④ 행동이나 생각을 종잡을 수 없게 함부로 함
⑤ 확고한 생각을 가져 어떤 상황에서도 흔들림이 없음

02. 박학다식 (   )

① 다양한 분야에 대한 많은 지식을 가진 사람
② 오랜 세월이 지나도 변하지 않음
③ 처음부터 끝까지 일관되게 같음
④ 자기가 저지른 일은 자기가 해결해야 함
⑤ 이러지도 저러지도 못하는 좋지 않은 상황을 해결하기 위한 어쩔 수 없는 방법

03. 회자정리 (   )

① 힘들고 어려운 상황에서도 열심히 공부함
② 한 입으로 두 말을 함
③ 여럿이 작은 힘을 모으면 무엇이든 쉬움
④ 몹시 두려워 벌벌 떨며 조심함
⑤ 만남 뒤에는 이별이 있음, 모든 것이 쓸모없고 허무함

04. 표리부동 (   )

① 여러 차례 죽을 고비를 겪고 겨우 살아남
② 다양한 분야에 대한 많은 지식을 가진 사람
③ 속마음과 겉으로 하는 행동이나 말이 같지 않음, '속다르고 겉다르다'
④ 들어갈수록 점점 더 아름다워짐
⑤ 사람이 살고 죽는 것은 하늘에 달려 있음

05. 차일피일 (   )

① 좋은 일 뒤에 나쁜 일이 따름
② '오늘, 내일' 하며 날짜를 자꾸 미룸
③ 생각지도 못한 일에 얼굴색이 변할 만큼 놀람
④ 차마 눈 뜨고 볼 수 없음
⑤ 두서없이 이말 저말 나오는 대로 떠듬

06. 진퇴양난 (   )

① 헤아릴 수 없이 많은 사람
② 시기가 늦어 안타까움에 탄식함
③ 밤,낮으로 쉬지 않음
④ 어느 하나를 선택할 수 없는 이러지도 못하고 저러지도 못하는 난감한 상황
⑤ 달면 삼키고, 쓰면 뱉음

07. 무아도취 (   )

① 옳고 그름을 따짐
② 행동이나 생각을 종잡을 수 없게 함부로 함
③ 스스로 묻고, 스스로 대답함
④ 도움 없이 힘에 벅찬 일들을 잘 해나감
⑤ 어떤 일에 마음을 빼앗겨 그 속에 흠뻑 빠져있음

08. 횡설수설 (   )

① 두서없이 이말 저말 나오는 대로 떠듬
② 마음 먹은지 3일을 못감
③ 풍성하게 차려진 진귀하고 맛있는 음식들
④ 고통과 즐거움을 서로 같이 보냄
⑤ 만남 뒤에는 이별이 있음, 모든 것이 쓸모없고 허무함

09. 혼연일체 (   )

① 본 것과 들은 것이 서로 같음
② 서로 다른 것들이 똘똘 뭉쳐서 완전히 하나가 됨
③ 확신을 가지고 자신 있게 말함
④ 행동이나 생각을 종잡을 수 없게 함부로 함
⑤ 눈 앞에 두고도 모른다는 뜻, 아주 무식함

10. 호연지기 (   )

① 이미 가졌던 마음이 완전히 달라짐
② 친구를 사귈 때 믿음으로 사귀라는 의미
③ 네 갈래, 다섯 갈래로 나누어지고 찢어짐
④ 융통성 없고 어리석은 사람을 비유함
⑤ 바른 행동에서 비롯되는 거침없는 기상과 용기

어휘왕

※다음 속담과 관용구의 올바른 의미를 찾으세요 (11-15번)

사 사자성어 속 속담 관 관용구

11. 속 참새가 방앗간을 그냥 지나랴! (   )

① 어떤 일을 하려는데 생각지도 못한 일이 생김
② 아무것도 모르면 몸과 마음이 편해 좋을 수 있지만, 무엇이나 조금 알고 있으면 오히려 괴로움
③ 욕심 많은 사람이 자기에게 이익이 되는 것을 보면가만히 있지 못함
④ 본래의 천성이 좋지 않은 사람은 어디 가든지 똑같음
⑤ 수고하여 일한 사람은 따로 있고, 그 일에 대한 댓가(보수)를 받는 사람이 따로 있음

12. 속 수박 겉 핥기! (   )

① 거짓말을 자주 하는 사람의 말을 믿지 않음, 거짓말 하는 사람은 신뢰할 수 없음
② 몸집은 작지만 재주가 뛰어나고 야무진 사람
③ 사물의 속 내용은 모르고 겉만 건드림
④ 말만 잘하면 어려운 일이나 불가능해 보이는 일도 해결할 수 있음
⑤ 가장 절실하고, 제일 급하고, 꼭 필요한 사람이 먼저 그 일을 서둘러 하게 됨

13. 속 하늘이 무너져도 솟아날 구멍이 있다. (   )

① 변변치 못한 집안에서 훌륭한 인물이 나옴
② 보잘 것 없는 사람도 자기와 어울릴 짝이 있음
③ 미천하거나 순하고 좋은 사람이라도 업신여기면 가만있지 않음
④ 여러 사람이 자기 주장만 내세우면 일을 제대로 할 수 없음
⑤ 아무리 어려운 상황이라도 포기하지 않으면 분명 살아나갈 방도가 있음

14. 관 세상을 떠나다. (   )

① 마음 속에 고통과 슬픔이 크게 맺혀 있음
② 함께 일을 하는 데에 마음이나 의견, 행동 따위가 맞음
③ 걱정이 되어 마음이 답답하거나 마음이 쓰여 안절부절 못함
④ 죽음을 의미함
⑤ 나이가 들어 머리가 희끗희끗해짐

15. 관 줄행랑을 치다. (   )

① 매우 지긋지긋함을 비유하는 말
② 다른 사람들 모르게 어디로 감, 어떤 사물이나 현상 따위가 없어지거나 바뀜
③ 낌새를 채고 피해 달아남
④ 어떤 일을 하거나, 또는 하고 난 후 결과가 마음에 듬
⑤ 매우 짧은 순간

어휘왕

※다음 사자성어, 속담, 관용구의 올바른 의미를 쓰세요 (16-25번)

16. 사 천방지축

》

17. 사 묵묵부답

》

18. 사 표리부동

》

19. 사 회자정리

》

20. 사 횡설수설

》

21. 속 참새가 방앗간을 그냥 지나랴!

》

22. 속 짚신도 제 짝이 있다.

》

23. 속 하늘이 무너져도 솟아날구멍이 있다.

》

24. 관 정신이 빠지다.

》

25. 관 줄행랑을 치다.

》

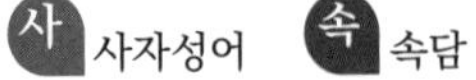

사 사자성어 속 속담 관 관용구

최종 점수 / 25

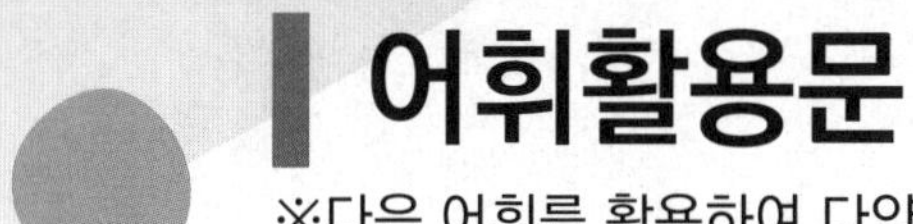

어휘활용문

※다음 어휘를 활용하여 다양한 문장을 만들어 보세요

구분	어휘	문장
사자성어	천방지축 天方地軸	
	표리부동 表裏不同	
	횡설수설 橫說竪說	

구분	어휘
속담·관용구	참새가 방앗간을 그저 지나랴!
	하늘이 무너져도 솟아날 구멍이 있다.
	줄행랑을 치다.

사자성어	난 공 불 락 難 攻 不 落	어려울 난	칠 공	아닐 불(부)	떨어질 락(낙)

의 미 이기기 힘든 강한 상대를 더욱 강조하기 위한 표현

예 문
1. 평양성은 **난공불락**의 요세로 유명하다.
2. 장군의 뛰어난 전략으로 **난공불락** 철옹성 같은 곳을 점령했다.

따라쓰기

난 공 불 락		

사자성어	반 신 반 의 半 信 半 疑	반 반	믿을 신	반 반	의심할 의

의 미 어떤 일에 대하여 100% 확신을 못하고 긴가민가 망설임

예 문
1. 채현이는 친구의 말에 **반신반의**하면서도 관심을 가졌다.
2. 사람을 겉으로는 믿는척 해도 마음은 **반신반의** 한 사람이 많다.

따라쓰기

반 신 반 의		

사자성어	어 불 성 설 語 不 成 說	말씀 어	아닐 불(부)	이룰 성	말씀 설

의 미 억지스럽고 논리에 맞지 않는 말

예 문
1. 태양이 지구를 돈다는 것은 **어불성설** 맞지 않는 말이다.
2. 준호의 주장은 **어불성설** 이치에 맞지 않는 것이었다.

따라쓰기

어 불 성 설		

속 담	**개구리 올챙이 적 생각 못 한다.**
의 미	올챙이였던 자신의 과거를 기억하지 못하고 올챙이만 보면 잡아먹는 개구리를 비유함
따라쓰기	개구리 올챙이 적 생각 못 한다.

속 담	**내 코가 석자다.**
의 미	내 사정이 급하고 어려워서 남을 돌볼 여유가 없음
따라쓰기	내 코가 석자다.

관용구	**손이 맵다.**
의 미	손으로 슬쩍 때려도 몹시 아픔
따라쓰기	손이 맵다.

어휘왕

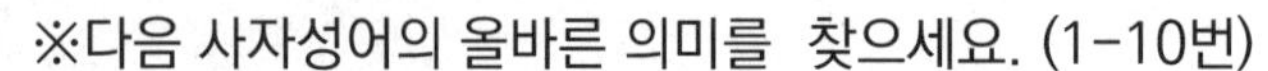

※다음 사자성어의 올바른 의미를 찾으세요. (1-10번)

01. 난공불락 ( )

① 늙지 않고 오래 오래 삶
② 행동이나 생각을 종잡을 수 없게 함부로 함
③ 이기기 힘든 강한 상대를 더욱 강조하기 위한 표현
④ 친구를 사귈 때 믿음으로 사귀라는 의미
⑤ 깊이 생각하지 않고 경솔하게 행동함

02. 표리부동 ( )

① 도움 없이 힘에 벅찬 일들을 잘 해나감
② 속마음과 겉으로 하는 행동이나 말이 같지 않음, '속다르고 겉다르다'
③ 처음부터 끝까지 일관되게 같음
④ 행동이나 생각을 종잡을 수 없게 함부로 함
⑤ 눈 앞에 두고도 모른다는 뜻, 아주 무식함

03. 아연실색 ( )

① 모든 일에 능통한 사람
② 억지스럽고 논리에 맞지 않는 말
③ '오늘, 내일' 하며 날짜를 자꾸 미룸
④ 생각지도 못한 일에 얼굴색이 변할 만큼 놀람
⑤모든 것은 차이가 있고 구별이 있음

04. 반신반의 ( )

① 앞장서서 먼저 모범을 보임
② 어떤 일에 대하여 100% 확신을 못하고 긴가민가 망설임
③ 여러 차례 죽을 고비를 겪고 겨우 살아남
④ 여러 가지로 일이 많고, 어려움도 많음
⑤ 두서없이 이말 저말 나오는 대로 떠듬

05. 궁여지책 ( )

① 이러지도 저러지도 못하는 좋지 않은 상황을 해결하기 위한 어쩔 수 없는 방법
② 차마 눈 뜨고 볼 수 없음
③ 다양한 분야에 대한 많은 지식을 가진 사람
④ 세상 일의 온갖 고난을 겪은 경험을 비유함
⑤ 다른 의견 없이 모든 사람의 의견이 같음

06. 패가망신 ( )

① 사람이 살고 죽는 것은 하늘에 달려 있음
② 억지스럽고 논리에 맞지 않는 말
③ 집안이 화목하면 모든 일이 다 잘되어감
④ 재산을 모두 써서 집안을 망치고, 몸 또한 망침
⑤ 풍성하게 차려진 진귀하고 맛있는 음식들

07. 교우이신 ( )

① 어떤 질문이나 행동을 하였을 때 그에 대한 아무런 답을 하지 않음
② 융통성 없고 어리석은 사람을 비유함
③ 여럿이 작은 힘을 모으면 무엇이든 쉬움
④ 좋은 물건을 보면 갖고 싶은 마음이 생김
⑤ 친구를 사귈 때 믿음으로 사귀라는 의미

08. 어불성설 ( )

① 억지스럽고 논리에 맞지 않는 말
② 달면 삼키고, 쓰면 뱉음
③ 이미 가졌던 마음이 완전히 달라짐
④ 오랜 세월이 지나도 변하지 않음
⑤ 속마음과 겉으로 하는 행동이나 말이 같지 않음, '속다르고 겉다르다'

09. 측은지심 ( )

① 자기가 저지른 일은 자기가 해결해야 함
② 다른 사람을 가엽고 불쌍하게 생각하는 마음
③ 행동이나 생각을 종잡을 수 없게 함부로 함
④ 힘들고 어려운 상황에서도 열심히 공부함
⑤ 시기가 늦어 안타까움에 탄식함

10. 시시비비 ( )

① 이러지도 저러지도 못하는 좋지 않은 상황을 해결하기 위한 어쩔 수 없는 방법
② 옳고 그름을 따짐
③ 물결처럼 계속 각가지 사연과 변화가 심함
④ 두서없이 이말 저말 나오는 대로 떠듬
⑤ 이제까지 들어보지 못했음

어휘왕

※다음 속담과 관용구의 올바른 의미를 찾으세요 (11-15번)

사 사자성어 속 속담 관 관용구

11. 속 개구리 올챙이 적 생각 못 한다. (   )

① 아무리 훌륭하고 좋은 것이라도 다듬고 정리해야 가치가 있음
② 누구나 마음속으로만 애태울 것이 아니라 말을 해야 함
③ 자식이 많은 부모는 걱정이 끊일 날이 없고, 할 일이 많아 편한 날이 없음
④ 사소한 것이라도 거듭되면 무시 못할 정도로 크게 됨
⑤ 올챙이였던 자신의 과거를 기억하지 못하고 올챙이만 보면 잡아먹는 개구리를 비유함

12. 속 티끌 모아 태산이다. (   )

① 차근차근하며 작은 것을 모으면 큰 것을 이룸
② 사람의 욕심은 끝이 없음
③ 제 처지는 생각하지 않고 자신보다 나은 사람의 행동을 무조건 따라함
④ 제 것으로 만들지 못할 바에야 남도 같이 못 쓰게 하려는 심술 맞고 뒤틀린 마음
⑤ 욕심 많은 사람이 자기에게 이익이 되는 것을 보면가만히 있지 못함

13. 속 내 코가 석자다. (   )

① 아무리 가르치고 알려줘도 알아듣지 못하거나 효과가 없음
② 내 사정이 급하고 어려워서 남을 돌볼 여유가 없음
③ 사소한 버릇이라도 한번 몸에 배면 고치기 어려움
④ 아무리 많아도 쓰면 줄어듦. 아껴서 사용하라는 의미
⑤ 사물의 속 내용은 모르고 겉만 건드림

14. 관 속이 타다. (   )

① 나이가 들어 머리가 희끗희끗해짐
② 부끄러운 일을 당하여 남을 대할 면목이 없음
③ 다른 사람이나 물건에 대해 거듭해서 아주 좋게 말함
④ 큰 기쁨이나 슬픔, 그리고 감격으로 마음 속이 꽉 참
⑤ 걱정이 되어 마음이 답답하거나 마음이 쓰여 안절부절 못함

15. 관 손이 맵다. (   )

① 손으로 슬쩍 때려도 몹시 아픔
② 눈치 없이 쓸데없는 일에 참견함
③ 걱정이 되어 마음이 답답하거나 마음이 쓰여 안절부절 못함
④ 함께 일을 하는 데에 마음이나 의견, 행동 따위가 맞음
⑤ 부끄러운 일을 당하여 남을 대할 면목이 없음

어휘왕

※다음 사자성어, 속담, 관용구의 올바른 의미를 쓰세요 (16-25번)

16. 사 난공불락

»

17. 사 차일피일

»

18. 사 반신반의

»

19. 사 궁여지책

»

20. 사 어불성설

»

21. 속 개구리 올챙이 적 생각 못 한다.

»

22. 속 콩으로 메주를 쑨다 하여도 곧이 듣지 않는다.

»

23. 속 내 코가 석자다.

»

24. 관 종종걸음을 하다.

»

25. 관 손이 맵다.

»

사 사자성어 속 속담 관 관용구

최종 점수 / 25

어휘활용문

※다음 어휘를 활용하여 다양한 문장을 만들어 보세요

구분	어휘	문장
사자성어	난공불락 難攻不落	
	반신반의 半信半疑	
	어불성설 語不成說	
속담 · 관용구	개구리 올챙이 적 생각 못 한다.	
	내 코가 석자다.	
	손이 맵다.	

사자성어

천 생 연 분
天 生 緣 分

하늘	날	인연	나눌
천	생	연	분

의 미

보통 남녀 사이에 잘 어울리거나 서로 잘 맞음

예 문

1. 우리 엄마 아빠는 **천생연분**이시다.
2. 나는 **천생연분** 같은 애인이 생기길 기다리고 있다.

따라쓰기

천 생 연 분

사자성어

풍 수 지 탄
風 樹 之 嘆

바람	나무	갈	탄식할
풍	수	지	탄

의 미

부모님이 돌아가셔서 효도할 수 없는 슬픔

예 문

풍수지탄이라는 말처럼, 생전에 부모님께 효도하자!

따라쓰기

풍 수 지 탄

사자성어

후 안 무 치
厚 顔 無 恥

두터울	낯	없을	부끄러울
후	안	무	치

의 미

뻔뻔하여 부끄러운 일을 하고도 부끄러운 줄 모름

예 문

1. 남의 것을 제 것이라고 우기는 **후안무치**에 치를 떨었다.
2. 그의 **후안무치**같은 행동 때문에 모두가 당황했다.

따라쓰기

후 안 무 치

속 담

고생 끝에 낙이 온다.

의 미

아무리 힘들어도 포기하거나 좌절하지 않고 열심히 노력하면
고생한 만큼의 댓가를 얻음

따라쓰기

고생 끝에 낙이 온다.

속 담

미꾸라지 한 마리가 온 웅덩이를 흐려 놓는다.

의 미

한 사람의 좋지 않은 행동이 집단이나 사회에 나쁜 영향을 끼침

따라쓰기

미꾸라지 한 마리가 온 웅덩이를 흐려 놓는다.

관용구

척 하면 삼천리다.

의 미

어떤 일을 훤히 꿰뚫고 있음

따라쓰기

척 하면 삼천리다.

어휘왕

※다음 사자성어의 올바른 의미를 찾으세요. (1-10번)

01. 천생연분 (   )

① 오랜 세월이 지나도 변하지 않음
② 달면 삼키고, 쓰면 뱉음
③ 확신을 가지고 자신 있게 말함
④ 힘들고 어려운 상황에서도 열심히 공부함
⑤ 보통 남녀 사이에 잘 어울리거나 서로 잘 맞음

02. 반신반의 (   )

① 세상에서 일어나는 온갖 일
② 어떤 일에 대하여 100% 확신을 못하고 긴가민가 망설임
③ 여럿이 작은 힘을 모으면 무엇이든 쉬움
④ 차마 눈 뜨고 볼 수 없음
⑤ 여러 가지로 일이 많고, 어려움도 많음

03. 횡설수설 (   )

① 사람이 살고 죽는 것은 하늘에 달려 있음
② 행동이나 생각을 종잡을 수 없게 함부로 함
③ 옳고 그름을 따짐
④ 두서없이 이말 저말 나오는 대로 떠듬
⑤ 고통과 즐거움을 서로 같이 보냄

04. 풍수지탄 (   )

① 만남 뒤에는 이별이 있음, 모든 것이 쓸모없고 허무함
② 들어갈수록 점점 더 아름다워짐
③ 다양한 분야에 대한 많은 지식을 가진 사람
④ 부모님이 돌어가셔서 효도할 수 없는 슬픔
⑤ 하나의 질문에 하나씩 대답함

05. 박학다식 (   )

① 다양한 분야에 대한 많은 지식을 가진 사람
② 친구를 사귈 때 믿음으로 사귀라는 의미
③ 다른 의견 없이 모든 사람의 의견이 같음
④ 앞장서서 먼저 모범을 보임
⑤ 생각지도 못한 일에 얼굴색이 변할 만큼 놀람

06. 묵묵부답 (   )

① 좋은 일 뒤에 나쁜 일이 따름
② 스스로 묻고, 스스로 대답함
③ 두서없이 이말 저말 나오는 대로 떠듬
④ 어떤 질문이나 행동을 하였을 때 그에 대한 아무런 답을 하지 않음
⑤ 본 것과 들은 것이 서로 같음

07. 확고부동 (   )

① 이제까지 들어보지 못했음
② 부모님이 돌어가셔서 효도할 수 없는 슬픔
③ 확고한 생각을 가져 어떤 상황에서도 흔들림이 없음
④ 좋은 물건을 보면 갖고 싶은 마음이 생김
⑤ 깊이 생각하지 않고 경솔하게 행동함

08. 후안무치 (   )

① 묻는 말에 대해서 아주 딴판인 엉뚱한 대답
② 이미 가졌던 마음이 완전히 달라짐
③ 풍성하게 차려진 진귀하고 맛있는 음식들
④ 뻔뻔하여 부끄러운 일을 하고도 부끄러운 줄 모름
⑤ 밤, 낮으로 쉬지 않음

09. 혼연일체 (   )

① 서로 다른 것들이 똘똘 뭉쳐서 완전히 하나가 됨
② 자기가 저지른 일은 자기가 해결해야 함
③ 처음부터 끝까지 일관되게 같음
④ 집안이 화목하면 모든 일이 다 잘되어감
⑤ 도움 없이 힘에 벅찬 일들을 잘 해나감

10. 무아도취 (   )

① 처음부터 끝까지 일관되게 같음
② 풍성하게 차려진 진귀하고 맛있는 음식들
③ 부모님이 돌어가셔서 효도할 수 없는 슬픔
④ 눈 앞에 두고도 모른다는 뜻, 아주 무식함
⑤ 어떤 일에 마음을 빼앗겨 그 속에 흠뻑 빠져있음

어휘왕

※다음 속담과 관용구의 올바른 의미를 찾으세요 (11-15번)

사 사자성어 속 속담 관 관용구

11. 속 고생 끝에 낙이 온다. (   )

① 아무리 어려운 상황이라도 포기하지 않으면 분명 살아나갈 방도가 있음
② 옳고 그름을 따지지 않고, 친하다는 이유로, 무조건 편을 들어주는 잘못된 상황
③ 먹고 살기 위해서 안해야 될 짓까지 할 수밖에 없음
④ 아무리 힘들어도 포기하거나 좌절하지 않고 열심히 노력하면 고생한 만큼의 댓가를 얻음
⑤ 차근차근하며 작은 것을 모으면 큰 것을 이룸

12. 속 숭어가 뛰니까 망둥이도 뛴다. (   )

① 무엇을 잘못해 놓고도 여러 가지 이유로 책임을 피하려는 사람을 가리킴
② 말만 잘하면 어려운 일이나 불가능해 보이는 일도 해결할 수 있음
③ 아무리 가르치고 알려줘도 알아듣지 못하거나 효과가 없음
④ 내 사정이 급하고 어려워서 남을 돌볼 여유가 없음
⑤ 제 처지는 생각하지 않고 자신보다 나은 사람의 행동을 무조건 따라함

13. 속 미꾸라지 한 마리가 온 웅덩이를 흐려 놓는다. (   )

① 제 것으로 만들지 못할 바에야 남도 같이 못 쓰게 하려는 심술 맞고 뒤틀린 마음
② 자기와 상관없는 일에 간섭하고 참견함
③ 한 사람의 좋지 않은 행동이 집단이나 사회에 나쁜 영향을 끼침
④ 거짓말을 자주 하는 사람의 말을 믿지 않음, 거짓말 하는 사람은 신뢰할 수 없음
⑤ 일이 잘못된 뒤에는 손을 써도 소용이 없음

14. 관 자취를 감추다. (   )

① 큰 기쁨이나 슬픔, 그리고 감격으로 마음 속이 꽉 참
② 내 온 몸을 던질 만큼 어떤 일에 열중함, 가진 것을 다 바침
③ 다른 사람들 모르게 어디로 감, 어떤 사물이나 현상 따위가 없어지거나 바뀜
④ 바르지 못하고 비정상적으로 행동함, 얼떨떨하여 무엇을 알아차리거나 기억하지 못함
⑤ 낌새를 채고 피해 달아남

15. 관 척 하면 삼천리다. (   )

① 사람은 많은데 나눌 물건이 턱없이 부족함
② 어떤 일을 훤히 꿰뚫고 있음
③ 아는 일을 함부로 옮기지(말하지) 않음
④ 함께 일을 하는 데에 마음이나 의견, 행동 따위가 맞음
⑤ 아직 어른이 되려면 한참 멀었음

어휘왕

※다음 사자성어, 속담, 관용구의 올바른 의미를 쓰세요 (16-25번)

16. 사 천생연분

17. 사 박학다식

18. 사 풍수지탄

19. 사 횡설수설

20. 사 후안무치

21. 속 고생 끝에 낙이 온다.

22. 속 말 한마디에 천 냥 빚을 갚는다.

23. 속 미꾸라지 한 마리가 온 웅덩이를 흐려 놓는다.

24. 관 줄행랑을 치다.

25. 관 척 하면 삼천리다.

사 사자성어 속 속담 관 관용구

최종 점수 / 25

어휘활용문

※다음 어휘를 활용하여 다양한 문장을 만들어 보세요

사자성어	천생연분 天生緣分	
	풍수지탄 風樹之嘆	
	후안무치 厚顔無恥	
속담·관용구	고생 끝에 낙이 온다.	
	미꾸라지 한 마리가 온 웅덩이를 흐려 놓는다.	
	척 하면 삼천리다.	

1일 2일 3일 4일 5일 6일 7일 8일 9일 10일 11일 12일 13일 14일 15일 16일 17일 18일 19일 20일 정답

사자성어	**낭 중 지 추** **囊 中 之 錐**	주머니 낭 / 가운데 중 / 갈 지 / 송곳 추
의 미	뛰어난 재능을 가진 사람은 아무리 숨으려 해도 사람들 눈에 쉽게 드러남	
예 문	1. 현성이는 숨길래야 숨길수 없는 **낭중지추** 같은 존재다. 2. 상민이의 지혜는 **낭중지추**와 같다.	
따라쓰기	낭 중 지 추	

사자성어	**반 포 지 효** **反 哺 之 孝**	돌이킬 반 / 먹일 포 / 갈 지 / 효도 효
의 미	자식이 자라 부모에게 효도로 은혜를 갚음	
예 문	1. 부모를 **반포지효**로 모시는 것은 자식의 마땅한 도리다. 2. 90대 노모를 모시는 70대 아들의 **반포지효**가 극찬을 받았다.	
따라쓰기	반 포 지 효	

사자성어	**엄 동 설 한** **嚴 冬 雪 寒**	엄할 엄 / 겨울 동 / 눈 설 / 찰 한
의 미	눈 내리는 매서운 겨울 추위	
예 문	1. **엄동설한**에 반바지를 입고 집을 나가면 얼어 죽기 십상이다. 2. **엄동설한**이 지나자 마당의 양지쪽에는 새 풀이 돋아났다.	
따라쓰기	엄 동 설 한	

속 담	**간에 붙었다 쓸개에 붙었다 한다.**
의 미	가까운 사이를 오가며 지조 없이 조금이라도 자신에게 이익이 되는 쪽에 아부함
따라쓰기	간에 붙었다 쓸개에 붙었다 한다.

속 담	**강 건너 불구경하듯 한다.**
의 미	자기에게 관계없는 일이라고 무관심하게 방관함
따라쓰기	강 건너 불구경하듯 한다.

관용구	**첫 걸음마를 떼다.**
의 미	곧 어떤 일이나 사업, 공부 등을 처음 시작함
따라쓰기	첫 걸음마를 떼다.

어휘왕

※다음 사자성어의 올바른 의미를 찾으세요. (1-10번)

01. 낭중지추 ( )

① 몹시 두려워 벌벌 떨며 조심함
② 눈 내리는 매서운 겨울 추위
③ 여럿이 작은 힘을 모으면 무엇이든 쉬움
④ 세상 일의 온갖 고난을 겪은 경험을 비유함
⑤ 뛰어난 재능을 가진 사람은 아무리 숨으려 해도 사람들 눈에 쉽게 드러남

02. 어불성설 ( )

① 열 번 중 여덟, 아홉 번
② 억지스럽고 논리에 맞지 않는 말
③ 자기가 저지른 일은 자기가 해결해야 함
④ 달면 삼키고, 쓰면 뱉음
⑤ 뻔뻔하여 부끄러운 일을 하고도 부끄러운 줄 모름

03. 난공불락 ( )

① 한 입으로 두 말을 함
② 풍성하게 차려진 진귀하고 맛있는 음식들
③ 이기기 힘든 강한 상대를 더욱 강조하기 위한 표현
④ 물결처럼 계속 각가지 사연과 변화가 심함
⑤ 도움 없이 힘에 벅찬 일들을 잘 해나감

04. 반포지효 ( )

① 자식이 자라 부모에게 효도로 은혜를 갚음
② 부모님이 돌어가셔서 효도할 수 없는 슬픔
③ 오랜 세월이 지나도 변하지 않음
④ 재산을 모두 써서 집안을 망치고, 몸 또한 망침
⑤ 모든 것은 차이가 있고 구별이 있음

05. 아연실색 ( )

① 눈 앞에 두고도 모른다는 뜻, 아주 무식함
② 생각지도 못한 일에 얼굴색이 변할 만큼 놀람
③ 행동이나 생각을 종잡을 수 없게 함부로 함
④ 옳고 그름을 따짐
⑤ '오늘, 내일' 하며 날짜를 자꾸 미룸

06. 궁여지책 ( )

① 시기가 늦어 안타까움에 탄식함
② 마음 먹은지 3일을 못감
③ 이미 가졌던 마음이 완전히 달라짐
④ 이러지도 저러지도 못하는 좋지 않은 상황을 해결하기 위한 어쩔 수 없는 방법
⑤ 다른 의견 없이 모든 사람의 의견이 같음

07. 포복절도 ( )

① 풍성하게 차려진 진귀하고 맛있는 음식들
② 여러 가지로 일이 많고, 어려움도 많음
③ 친구를 사귈 때 믿음으로 사귀라는 의미
④ 다른 의견 없이 모든 사람의 의견이 같음
⑤ 배를 안고 넘어질 정도로 웃음 '너무 웃어서 배가 아픔'

08. 엄동설한 ( )

① 헤아릴 수 없이 많은 사람
② 눈 내리는 매서운 겨울 추위
③ 먼 앞날을 미리 내다보고 세우는 크고 중요한 계획
④ 억지스럽고 논리에 맞지 않는 말
⑤ 좋은 일 뒤에 나쁜 일이 따름

09. 시종일관 ( )

① 온 마음과 뜻을 다해서 노력함
② 처음부터 끝까지 일관되게 같음
③ 힘들고 어려운 상황에서도 열심히 공부함
④ 만남 뒤에는 이별이 있음, 모든 것이 쓸모없고 허무함
⑤ 자식이 자라 부모에게 효도로 은혜를 갚음

10. 표리부동 ( )

① 두서없이 이말 저말 나오는 대로 떠듦
② 봄, 여름, 가을, 겨울
③ 속마음과 겉으로 하는 행동이나 말이 같지 않음, '속다르고 겉다르다'
④ 세상에서 일어나는 온갖 일
⑤ 세 명, 다섯 명씩 여럿이 모여 있음

어휘왕

※다음 속담과 관용구의 올바른 의미를 찾으세요 (11-15번)

사 사자성어 속 속담 관 관용구

11. 속 간에 붙었다 쓸개에 붙었다 한다. (　　)

① 누구나 마음속으로만 애태울 것이 아니라 말을 해야 함
② 아무리 가르치고 알려줘도 알아듣지 못하거나 효과가 없음
③ 무식한 사람이라도 유식한 사람과 오랫동안 같이 있으면 자연히 견문이 생기고 유식해짐
④ 사물의 속 내용은 모르고 겉만 건드림
⑤ 가까운 사이를 오가며 지조 없이 조금이라도 자신에게 이익이 되는 쪽에 아부함

12. 속 가지 많은 나무에 바람 잘 날 없다. (　　)

① 무엇을 잘못해 놓고도 여러 가지 이유로 책임을 피하려는 사람을 가리킴
② 아무리 힘들어도 포기하거나 좌절하지 않고 열심히 노력하면 고생한 만큼의 댓가를 얻음
③ 제 처지는 생각하지 않고 자신보다 나은 사람의 행동을 무조건 따라함
④ 자식이 많은 부모는 걱정이 끊일 날이 없고, 할 일이 많아 편한 날이 없음
⑤ 욕심 많은 사람이 자기에게 이익이 되는 것을 보면가만히 있지 못함

13. 속 강 건너 불구경하듯 한다. (　　)

① 제 것으로 만들지 못할 바에야 남도 같이 못 쓰게 하려는 심술 맞고 뒤틀린 마음
② 자기에게 관계없는 일이라고 무관심하게 방관함
③ 새로 생긴 것이 이미 자리잡고 있던 것을 밀어냄
④ 사소한 것이라도 거듭되면 무시 못할 정도로 크게 됨
⑤ 올챙이였던 자신의 과거를 기억하지 못하고 올챙이만 보면 잡아먹는 개구리를 비유함

14. 관 정신이 빠지다. (　　)

① 내 온 몸을 던질 만큼 어떤 일에 열중함, 가진 것을 다 바침
② 마음 속에 고통과 슬픔이 크게 맺혀 있음
③ 다른 사람들 모르게 어디로 감, 어떤 사물이나 현상 따위가 없어지거나 바뀜
④ 바르지 못하고 비정상적으로 행동함, 얼떨떨하여 무엇을 알아차리거나 기억하지 못함
⑤ 다가올 결과를 생각해가며 모든 것을 미리 살피고 일들을 처리함

15. 관 첫 걸음마를 떼다. (　　)

① 곧 어떤 일이나 사업, 공부 등을 처음 시작함
② 어떤 일이나 분위기, 상황, 생각 등을 이치나 논리에 맞게 바로 잡음
③ 무섭거나 놀라서 날카롭게 신경이 예민해짐
④ 여러 사람이 같은 의견을 말함
⑤ 어떤 일을 하거나, 또는 하고 난 후 결과가 마음에 듬

어휘왕

※다음 사자성어, 속담, 관용구의 올바른 의미를 쓰세요 (16-25번)

16. 사 낭중지추

»

17. 사 난공불락

»

18. 사 반포지효

»

19. 사 반신반의

»

20. 사 엄동설한

»

21. 속 간에 붙었다 쓸개에 붙었다 한다.

»

22. 속 하늘이 무너져도 솟아날 구멍이 있다.

»

23. 속 강 건너 불구경하듯 한다.

»

24. 관 손이 맵다.

»

25. 관 첫 걸음마를 떼다.

»

사 사자성어 속 속담 관 관용구

최종 점수	/ 25

어휘활용문

※다음 어휘를 활용하여 다양한 문장을 만들어 보세요

구분	어휘	문장
사자성어	낭중지추 囊中之錐	
사자성어	반포지효 反哺之孝	
사자성어	엄동설한 嚴冬雪寒	
속담·관용구	간에 붙었다 쓸개에 붙었다 한다.	
속담·관용구	강 건너 불구경하듯 한다.	
속담·관용구	첫 걸음마를 떼다.	

사자성어	천 신 만 고 千 辛 萬 苦	일천 천	매울 신	일만 만	쓸 고
의 미	수많은 어려움과 고통을 겪으며 고생함				
예 문	1. 우리는 **천신만고** 끝에 설악산에 올랐다. 2. 석현이는 **천신만고** 끝에 이번 시험에 합격했다.				
따라쓰기	천 신 만 고				

사자성어	허 심 탄 회 虛 心 坦 懷	빌 허	마음 심	평탄할 탄	품을 회
의 미	마음 속에 품은 것을 이야기할 만큼 숨긴 것이 없고 솔직함				
예 문	1. 우리는 언제나 **허심탄회**하게 서로 의견을 교환했다. 2. 상현이는 **허심탄회**하게 자신의 여행 경험을 이야기했다.				
따라쓰기	허 심 탄 회				

사자성어	후 회 막 급 後 悔 莫 及	뒤 후	뉘우칠 회	없을 막	미칠 급
의 미	잘못을 하고 나서 아무리 후회해도 되돌릴 방법이 없음				
예 문	1. 지난 시절 망나니처럼 놀았던 것이 정말 **후회막급**하다. 2. 진작에 이 생각을 하지 못한게 **후회막급**이다.				
따라쓰기	후 회 막 급				

속담	같은 값이면 다홍치마다.
의미	귀하고 고운 다홍치마처럼 값이 비슷하다면 모양이나 품질이 좋은 것을 선택함
따라쓰기	같은 값이면 다홍치마다.

속담	누워서 침 뱉기!
의미	남에게 해를 끼치려다가 도리어 자기가 해를 입게 됨
따라쓰기	누워서 침 뱉기!

관용구	가슴이 뜨끔하다.
의미	어떤 일로 인해 깜짝 놀라거나 양심의 가책을 받는 상황
따라쓰기	가슴이 뜨끔하다.

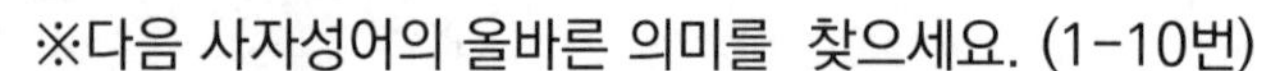

어휘왕

※다음 사자성어의 올바른 의미를 찾으세요. (1-10번)

01. 천신만고 (   )

① 다른 의견 없이 모든 사람의 의견이 같음
② 여럿이 작은 힘을 모으면 무엇이든 쉬움
③ 수많은 어려움과 고통을 겪으며 고생함
④ 모든 일이 뜻대로 잘 되어감
⑤ 생각지도 못한 일에 얼굴색이 변할 만큼 놀람

02. 반포지효 (   )

① 두서없이 이말 저말 나오는 대로 떠듬
② 친구를 사귈 때 믿음으로 사귀라는 의미
③ 깊이 생각하지 않고 경솔하게 행동함
④ 자식이 자라 부모에게 효도로 은혜를 갚음
⑤ 뛰어난 재능을 가진 사람은 아무리 숨으려 해도 사람들 눈에 쉽게 드러남

03. 후안무치 (   )

① 눈 내리는 매서운 겨울 추위
② 좋은 일 뒤에 나쁜 일이 따름
③ '오늘, 내일' 하며 날짜를 자꾸 미룸
④ 사람이 살고 죽는 것은 하늘에 달려 있음
⑤ 뛰어난 재능을 가진 사람은 아무리 숨으려 해도 사람들 눈에 쉽게 드러남

04. 허심탄회 (   )

① 마음 속에 품은 것을 이야기할 만큼 숨긴 것이 없고 솔직함
② 힘들고 어려운 상황에서도 열심히 공부함
③ 달면 삼키고, 쓰면 뱉음
④ 다양한 분야에 대한 많은 지식을 가진 사람
⑤ 세상 일의 온갖 고난을 겪은 경험을 비유함

05. 반신반의 (   )

① 어떤 일에 대하여 100% 확신을 못하고 긴가민가 망설임
② 묻는 말에 대해서 아주 딴판인 엉뚱한 대답
③ 도움 없이 힘에 벅찬 일들을 잘 해나감
④ 처음부터 끝까지 일관되게 같음
⑤ 모든 일에 능통한 사람

06. 천방지축 (   )

① 묻는 말에 대해서 아주 딴판인 엉뚱한 대답
② 자식이 자라 부모에게 효도로 은혜를 갚음
③ 이미 가졌던 마음이 완전히 달라짐
④ 어느 하나를 선택할 수 없는 이러지도 못하고 저러지도 못하는 난감한 상황
⑤ 행동이나 생각을 종잡을 수 없게 함부로 함

07. 회자정리 (   )

① 만남 뒤에는 이별이 있음, 모든 것이 쓸모없고 허무함
② 좋은 물건을 보면 갖고 싶은 마음이 생김
③ 고통과 즐거움을 서로 같이 보냄
④ 수많은 어려움과 고통을 겪으며 고생함
⑤ 두서없이 이말 저말 나오는 대로 떠듬

08. 후회막급 (   )

① 태어나고, 죽고, 괴롭고, 즐기는 일
② 억지스럽고 논리에 맞지 않는 말
③ 잘못을 하고 나서 아무리 후회해도 되돌릴 방법이 없음
④ 풍성하게 차려진 진귀하고 맛있는 음식들
⑤ 이제까지 들어보지 못했음

09. 묵묵부답 (   )

① 어떤 질문이나 행동을 하였을 때 그에 대한 아무런 답을 하지 않음
② 오랜 세월이 지나도 변하지 않음
③ 마음 먹은지 3일을 못감
④ 서로 옳고 그름을 따지며 다툼
⑤ 자식이 자라 부모에게 효도로 은혜를 갚음

10. 확고부동 (   )

① 여러 가지로 일이 많고, 어려움도 많음
② 확고한 생각을 가져 어떤 상황에서도 흔들림이 없음
③ 헤아릴 수 없이 많은 사람
④ 수많은 어려움과 고통을 겪으며 고생함
⑤ 세상에서 일어나는 온갖 일

어휘왕

※다음 속담과 관용구의 올바른 의미를 찾으세요 (11-15번)

사 사자성어 속 속담 관 관용구

11. 속 같은 값이면 다홍치마다. (　　)

① 말과 행동이 특출나거나 거슬리면 미움을 받음
② 한 사람의 좋지 않은 행동이 집단이나 사회에 나쁜 영향을 끼침
③ 되면 좋고, 안되도 크게 아쉽다거나 안타까울 것이 없는 거래를 함
④ 귀하고 고운 다홍치마처럼 값이 비슷하다면 모양이나 품질이 좋은 것을 선택함
⑤ 의지할 데가 있어야 무슨 일이든 할 수 있음

12. 속 참새가 방앗간을 그냥 지나랴! (　　)

① 모든 일은 원인에 따라 결과가 생김
② 아무리 어려운 상황이라도 포기하지 않으면 분명 살아나갈 방도가 있음
③ 욕심 많은 사람이 자기에게 이익이 되는 것을 보면가만히 있지 못함
④ 자기에게 관계없는 일이라고 무관심하게 방관함
⑤ 거짓말을 자주 하는 사람의 말을 믿지 않음, 거짓말 하는 사람은 신뢰할 수 없음

13. 속 누워서 침 뱉기! (　　)

① 남에게 해를 끼치려다가 도리어 자기가 해를 입게 됨
② 전혀 생각하지 못한 상황에서 어려움을 당함
③ 말만 잘하면 어려운 일이나 불가능해 보이는 일도 해결할 수 있음
④ 남의 것이 내 것보다 더 좋아보이고, 남의 일이 내 일보다 더 쉬워보임
⑤ 하기로 마음먹었을 때 망설이거나 미루지 말고 곧바로 행동으로 옮겨야 함

14. 관 종종걸음을 하다. (　　)

① 다른 사람들 모르게 어디로 감, 어떤 사물이나 현상 따위가 없어지거나 바뀜
② 아주 바쁠 때 빠르게 움직이는 상황
③ 바르지 못하고 비정상적으로 행동함, 얼떨떨하여 무엇을 알아차리거나 기억하지 못함
④ 어떤 일을 하거나, 또는 하고 난 후 결과가 마음에 듬
⑤어떤 일이나 분위기, 상황, 생각 등을 이치나 논리에 맞게 바로 잡음

15. 관 가슴이 뜨끔하다. (　　)

① 마음 속에 고통과 슬픔이 크게 맺혀 있음
② 걱정이 되어 마음이 답답하거나 마음이 쓰여 안절부절 못함
③ 큰 기쁨이나 슬픔, 그리고 감격으로 마음 속이 꽉 참
④ 어떤 일로 인해 깜짝 놀라거나 양심의 가책을 받는 상황
⑤ 부끄러운 일을 당하여 남을 대할 면목이 없음

어휘왕

※다음 사자성어, 속담, 관용구의 올바른 의미를 쓰세요 (16-25번)

16. 사 천신만고

»

17. 사 풍수지탄

»

18. 사 허심탄회

»

19. 사 표리부동

»

20. 사 후회막급

»

21. 속 같은 값이면 다홍치마다.

»

22. 속 내 코가 석자다.

»

23. 속 누워서 침 뱉기!

»

24. 관 척 하면 삼천리다.

»

25. 관 가슴이 뜨끔하다.

»

사 사자성어 속 속담 관 관용구

최종 점수 / 25

어휘활용문

※다음 어휘를 활용하여 다양한 문장을 만들어 보세요

사자성어		
	천신만고 千辛萬苦	
	허심탄회 虛心坦懷	
	후회막급 後悔莫及	

속담 · 관용구	
	같은 값이면 다홍치마다.
	누워서 침 뱉기!
	가슴이 뜨끔하다.

사자성어

누 란 지 위
累 卵 之 危

여러	알	갈	위태할
누	란	지	위

의 미

매우 아슬아슬하고 위험한 상황이나 모습

예 문

논개는 **누란지위**에 처한 나라를 구하기 위해
왜군의 장수를 끌어안고 진주에 있는 남강에 떨어져 죽었다.

따라쓰기

누 란 지 위		

사자성어

백 발 백 중
百 發 百 中

일백	펼	일백	가운데
백	발	백	중

의 미

어떤 일이든 말한 것이 잘 들어맞음

예 문

1. 우리나라 궁수들은 **백발백중** 적을 쏴 물리쳤다.
2. 그의 판단은 **백발백중** 적중하여 모두를 놀라게 했다.

따라쓰기

백 발 백 중		

사자성어

오 비 이 락
烏 飛 梨 落

까마귀	날	배나무	떨어질
오	비	이(리)	락(낙)

의 미

아무 상관도 없는 행동에 뒤이어 일어난 일로 인해 억울한 의심을 받음

예 문

1. '**오비이락**'이라고 어떤 일을 할 때에는 조심 또 조심하자
2. 억울한 상황에 놓인 사람들의 처지가 **오비이락**과 같다.

따라쓰기

오 비 이 락		

속 담

다 된 죽에 코 빠졌다.

의 미

오랫동안 노력해서 완성된 일을 마지막 실수로 망쳐 버리는 행동을 비유함

따라쓰기

다 된 죽에 코 빠졌다.

속 담

하룻강아지 범 무서운 줄 모른다.

의 미

자기 분수를 모르고 함부로 상대에게 덤빔

따라쓰기

하룻강아지 범 무서운 줄 모른다.

관용구

가시가 돋다.

의 미

마음이나 말에 뾰족함을 넣어 남을 공격하거나 불평이나 불만이 있음

따라쓰기

가시가 돋다.

어휘왕

※다음 사자성어의 올바른 의미를 찾으세요. (1-10번)

01. 누란지위 ( )

① 헤아릴 수 없이 많은 사람
② 여러 차례 죽을 고비를 겪고 겨우 살아남
③ 세상에서 일어나는 온갖 일
④ 매우 아슬아슬하고 위험한 상황이나 모습을 말함
⑤ 부모님이 돌아가셔서 효도할 수 없는 슬픔

02. 허심탄회 ( )

① 한 입으로 두 말을 함
② 두서없이 이말 저말 나오는 대로 떠듬
③ 다른 의견 없이 모든 사람의 의견이 같음
④ 늙지 않고 오래 오래 삶
⑤ 마음 속에 품은 것을 이야기할 만큼 숨긴 것이 없고 솔직함

03. 엄동설한( )

① 모든 방면, 여러 방면
② 달면 삼키고, 쓰면 뱉음
③ 눈 내리는 매서운 겨울 추위
④ 이제야 처음 듣는 말
⑤ 뛰어난 재능을 가진 사람은 아무리 숨으려 해도 사람들 눈에 쉽게 드러남

04. 백발백중 ( )

① 어떤 일이든 말한 것이 잘 들어맞음
② 모든 일이 뜻대로 잘 되어감
③ 스스로 자신을 끈으로 묶음, 자신이 한 말이나 행동으로 곤경에 처함
④ 수많은 어려움과 고통을 겪으며 고생함
⑤ 힘들고 어려운 상황에서도 열심히 공부함

05. 풍수지탄 ( )

① 바른 행동에서 비롯되는 거침없는 기상과 용기
② 다양한 분야에 대한 많은 지식을 가진 사람
③ 부모님이 돌아가셔서 효도할 수 없는 슬픔
④ 앞장서서 먼저 모범을 보임
⑤ 몹시 두려워 벌벌 떨며 조심함

06. 난공불락 ( )

① 모든 것은 차이가 있고 구별이 있음
② 묻는 말에 대해서 아주 딴판인 엉뚱한 대답
③ 이기기 힘든 강한 상대를 더욱 강조하기 위한 표현
④ 억지스럽고 논리에 맞지 않는 말
⑤ 모든 일에 능통한 사람

07. 궁여지책 ( )

① 이러지도 저러지도 못하는 좋지 않은 상황을 해결하기 위한 어쩔 수 없는 방법
② 융통성 없고 어리석은 사람을 비유함
③ 어떤 일이든 말한 것이 잘 들어맞음
④ 본 것과 들은 것이 서로 같음
⑤ 태어나고, 죽고, 괴롭고, 즐기는 일

08. 오비이락 ( )

① 풍성하게 차려진 진귀하고 맛있는 음식들
② 좋은 물건을 보면 갖고 싶은 마음이 생김
③ 눈 앞에 두고도 모른다는 뜻, 아주 무식함
④ 대문 앞이 시장을 이룰 만큼 붐빔
⑤ 아무 상관도 없는 행동에 뒤이어 일어난 일로 인해 억울한 의심을 받음

09. 포복절도 ( )

① 처음부터 끝까지 일관되게 같음
② 들어갈수록 점점 더 아름다워짐
③ 행동이나 생각을 종잡을 수 없게 함부로 함
④ 배를 안고 넘어질 정도로 웃음 '너무 웃어서 배가 아픔'
⑤ 깊이 생각하지 않고 경솔하게 행동함

10. 십시일반 ( )

① 열 번 중 여덟, 아홉 번
② 짧은 기간 싸워 전쟁에 승리함, 일을 거침없이 빠르게 끝냄
③ 여럿이 작은 힘을 모으면 무엇이든 쉬움
④ 이미 가졌던 마음이 완전히 달라짐
⑤ 네 갈래, 다섯 갈래로 나누어지고 찢어짐

어휘왕

※다음 속담과 관용구의 올바른 의미를 찾으세요 (11-15번)

사 사자성어 속 속담 관 관용구

11. 속 다 된 죽에 코 빠졌다. (   )

① 사소한 것이라도 거듭되면 무시 못할 정도로 크게 됨
② 아무리 힘들어도 포기하거나 좌절하지 않고 열심히 노력하면 고생한 만큼의 댓가를 얻음
③ 자식이 많은 부모는 걱정이 끊일 날이 없고, 할 일이 많아 편한 날이 없음
④ 욕심 많은 사람이 자기에게 이익이 되는 것을 보면가만히 있지 못함
⑤ 오랫동안 노력해서 완성된 일을 마지막 실수로 망쳐 버리는 행동을 비유함

12. 속 개구리 올챙이 적 생각 못 한다. (   )

① 새로 생긴 것이 이미 자리잡고 있던 것을 밀어냄
② 올챙이였던 자신의 과거를 기억하지 못하고 올챙이만 보면 잡아먹는 개구리를 비유함
③ 제 처지는 생각하지 않고 자신보다 나은 사람의 행동을 무조건 따라함
④ 가까운 사이를 오가며 지조 없이 조금이라도 자신에게 이익이 되는 쪽에 아부함
⑤ 무식한 사람이라도 유식한 사람과 오랫동안 같이 있으면 자연히 견문이 생기고 유식해짐

13. 속 하룻강아지 범 무서운 줄 모른다. (   )

① 옳고 그름을 따지지 않고, 친하다는 이유로, 무조건 편을 들어주는 잘못된 상황
② 사물의 속 내용은 모르고 겉만 건드림
③ 자기 분수를 모르고 함부로 상대에게 덤빔
④ 무엇을 잘못해 놓고도 여러 가지 이유로 책임을 피하려는 사람을 가리킴
⑤ 귀하고 고운 다홍치마처럼 값이 비슷하다면 모양이나 품질이 좋은 것을 선택함

14. 관 줄행랑을 치다. (   )

① 물건이나 상품 등이 빠르게 팔려 나감
② 같은 말을 여러 번 들음
③ 내 온 몸을 던질 만큼 어떤 일에 열중함, 가진 것을 다 바침
④ 어떤 일을 하거나, 또는 하고 난 후 결과가 마음에 듬
⑤ 낌새를 채고 피해 달아남

15. 관 가시가 돋다. (   )

① 바르지 못하고 비정상적으로 행동함, 얼떨떨하여 무엇을 알아차리거나 기억하지 못함
② 함께 일을 하는 데에 마음이나 의견, 행동 따위가 맞음
③ 마음이나 말에 뾰족함을 넣어 남을 공격하거나 불평이나 불만이 있음
④ 나이가 들어 머리가 희끗희끗해짐
⑤ 욕심을 내어 눈여겨봄

어휘왕

※다음 사자성어, 속담, 관용구의 올바른 의미를 쓰세요 (16-25번)

16. 사 누란지위

»

17. 사 후안무치

»

18. 사 백발백중

»

19. 사 낭중지추

»

20. 사 오비이락

»

21. 속 다 된 죽에 코 빠졌다.

»

22. 속 미꾸라지 한 마리가 온 웅덩이를 흐려 놓는다.

»

23. 속 하룻강아지 범 무서운 줄 모른다.

»

24. 관 첫 걸음마를 떼다.

»

25. 관 가시가 돋다.

»

사 사자성어  

최종 점수	/ 25

어휘활용문

※다음 어휘를 활용하여 다양한 문장을 만들어 보세요

구분	어휘	문장
사자성어	누란지위 累卵之危	
사자성어	백발백중 百發百中	
사자성어	오비이락 烏飛梨落	

구분	어휘
속담 · 관용구	다 된 죽에 코 빠졌다.
속담 · 관용구	하룻강아지 범 무서운 줄 모른다.
속담 · 관용구	가시가 돋다.

사자성어

천 재 일 우
千 載 一 遇

일천	실을	한	만날
천	재	일	우

의 미 쉽게 만날 수 없는 좋은 기회

예 문
1. 나는 그 당시의 **천재일우**의 기회를 놓친 것이 안타까웠다.
2. 사람에게는 평생 3번의 **천재일우**의 기회가 온다고 한다.

따라쓰기 천 재 일 우

사자성어

혈 혈 단 신
孑 孑 單 身

외로울	외로울	홑	몸
혈	혈	단	신

의 미 외로워 의지할 곳 없이 혼자임

예 문
1. 아버지는 **혈혈단신** 상경하여 가문을 일으켰다.
2. 김구 선생님은 처자식을 두고 **혈혈단신** 상해로 떠났다.

따라쓰기 혈 혈 단 신

사자성어

동 병 상 련
同 病 相 憐

같을	병	서로	여길
동	병	상	련(연)

의 미 어려운 처지에 있는 사람끼리 서로 안쓰럽게 생각함

예 문
1. 그들은 전쟁터에서 **동병상련**한 사이이다.
2. 저 두 사람은 같은 병을 앓다보니 서로 **동병상련**을 느낀다.

따라쓰기 동 병 상 련

속담

공든 탑이 무너지랴!

의미

최선을 다해 열심히 하면 분명 그에 상응하는 결과가 있음

따라쓰기

공든 탑이 무너지랴!

속담

호박이 넝쿨째로 굴러떨어졌다.

의미

뜻밖에 좋은 물건을 얻거나 행운을 만남

따라쓰기

호박이 넝쿨째로 굴러떨어졌다.

관용구

각광을 받다.

의미

'각광'은 연극에서 인물 비추는 조명을 뜻함
사회적 관심이나 흥미로 많은 사람들에게 주목을 받음

따라쓰기

각광을 받다.

어휘왕

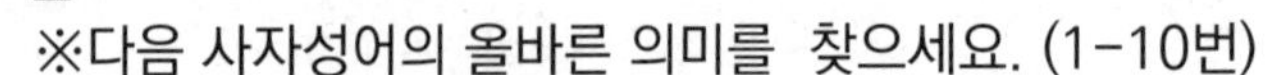

※다음 사자성어의 올바른 의미를 찾으세요. (1-10번)

01. 천재일우 (　　)

① 외로워 의지할 곳 없이 혼자임
② 마음 속에 품은 것을 이야기할 만큼 숨긴 것이 없고 솔직함
③ 어떤 일이든 말한 것이 잘 들어맞음
④ 쉽게 만날 수 없는 좋은 기회
⑤ 수많은 어려움과 고통을 겪으며 고생함

02. 후회막급 (　　)

① 자식이 자라 부모에게 효도로 은혜를 갚음
② 몹시 두려워 벌벌 떨며 조심함
③ 좋은 일 뒤에 나쁜 일이 따름
④ 잘못을 하고 나서 아무리 후회해도 되돌릴 방법이 없음
⑤ 융통성 없고 어리석은 사람을 비유함

03. 천신만고 (　　)

① 부모님이 돌아가셔서 효도할 수 없는 슬픔
② 수많은 어려움과 고통을 겪으며 고생함
③ 서로 옳고 그름을 따지며 다툼
④ 책상에 앉아 여럿이 의논만 함, 현실이 반영되지 않은 허황된 논의
⑤ 달면 삼키고, 쓰면 뱉음

04. 혈혈단신 (　　)

① 대문 앞이 시장을 이룰 만큼 붐빔
② 외로워 의지할 곳 없이 혼자임
③ 오랜 세월이 지나도 변하지 않음
④ 잘못을 하고 나서 아무리 후회해도 되돌릴 방법이 없음
⑤ 묻는 말에 대해서 아주 딴판인 엉뚱한 대답

05. 후안무치 (　　)

① 뻔뻔하여 부끄러운 일을 하고도 부끄러운 줄 모름
② 밤,낮으로 쉬지 않음
③ 이미 가졌던 마음이 완전히 달라짐
④ 처음부터 끝까지 일관되게 같음
⑤ 이제야 처음 듣는 말

06. 천생연분 (　　)

① 도움 없이 힘에 벅찬 일들을 잘 해나감
② 확신을 가지고 자신 있게 말함
③ 외로워 의지할 곳 없이 혼자임
④ 눈 앞에 두고도 모른다는 뜻, 아주 무식함
⑤ 보통 남녀 사이에 잘 어울리거나 서로 잘 맞음

07. 반신반의 (　　)

① 모든 방면, 여러 방면
② 어떤 일에 대하여 100% 확신을 못하고 긴가민가 망설임
③ 네 갈래, 다섯 갈래로 나누어지고 찢어짐
④ 사람이 살고 죽는 것은 하늘에 달려 있음
⑤ 쉽게 만날 수 없는 좋은 기회

08. 동병상련 (　　)

① 여러 가지로 일이 많고, 어려움도 많음
② 어려운 처지에 있는 사람끼리 서로 안쓰럽게 생각함
③ 풍성하게 차려진 진귀하고 맛있는 음식들
④ 다양한 분야에 대한 많은 지식을 가진 사람
⑤ 여러 차례 죽을 고비를 겪고 겨우 살아남

09. 횡설수설 (　　)

① 세상에서 일어나는 온갖 일
② 깊이 생각하지 않고 경솔하게 행동함
③ 두서없이 이말 저말 나오는 대로 떠듬
④ 모든 일이 뜻대로 잘 되어감
⑤ 여럿이지만 서로 다른 특징 없이 모두 비슷함

10. 천방지축 (　　)

① 행동이나 생각을 종잡을 수 없게 함부로 함
② 본 것과 들은 것이 서로 같음
③ 쉽게 만날 수 없는 좋은 기회
④ 세상에 이름이 널리 알려진 데는 마땅한 이유가 있음
⑤ 집안이 화목하면 모든 일이 다 잘되어감

어휘왕

※다음 속담과 관용구의 올바른 의미를 찾으세요 (11-15번)

사 사자성어 속 속담 관 관용구

11. 속 공든 탑이 무너지랴! (　　)

① 말만 잘하면 어려운 일이나 불가능해 보이는 일도 해결할 수 있음
② 한 사람의 좋지 않은 행동이 집단이나 사회에 나쁜 영향을 끼침
③ 자기에게 관계없는 일이라고 무관심하게 방관함
④ 내 사정이 급하고 어려워서 남을 돌볼 여유가 없음
⑤ 최선을 다해 열심히 하면 분명 그에 상응하는 결과가 있음

12. 속 고생 끝에 낙이 온다. (　　)

① 하려던 일이 실패하여 어찌할 도리가 없이 그저 쳐다만 보며 민망해함
② 늘 말하며 바라던 것이 현실이 됨
③ 눈앞에 정답이 있는데 그걸 알지 못하는 무식한 사람을 이르는 말
④ 아무리 힘들어도 포기하거나 좌절하지 않고 열심히 노력하면 고생한 만큼의 댓가를 얻음
⑤ 남에게 해를 끼치려다가 도리어 자기가 해를 입게 됨

13. 속 호박이 넝쿨째로 굴러떨어졌다. (　　)

① 뜻밖에 좋은 물건을 얻거나 행운을 만남
② 몸집은 작지만 재주가 뛰어나고 야무진 사람
③ 자기 분수를 모르고 함부로 상대에게 덤빔
④ 아무리 많아도 쓰면 줄어듦. 아껴서 사용하라는 의미
⑤ 아무리 어려운 상황이라도 포기하지 않으면 분명 살아나갈 방도가 있음

14. 관 손이 맵다. (　　)

① 더 이상 다른 것을 생각하지 않거나 다른 사람의 잘못이나 허물을 못 본 척 함
② 아는 일을 함부로 옮기지(말하지) 않음
③ 아주 바쁠 때 빠르게 움직이는 상황
④ 다른 사람들 모르게 어디로 감, 어떤 사물이나 현상 따위가 없어지거나 바뀜
⑤ 손으로 슬쩍 때려도 몹시 아픔

15. 관 각광을 받다. (　　)

① 어떤 일이나 분위기, 상황, 생각 등을 이치나 논리에 맞게 바로 잡음
② 어떤 일을 하거나, 또는 하고 난 후 결과가 마음에 듦
③ 어떤 일을 훤히 꿰뚫고 있음
④ 어떤 장소가 발을 디딜 수 없을 만큼 사람으로 꽉 참
⑤ 연극에서 인물 비추는 조명, 사회적 관심이나 흥미로 사람들에게 주목을 받음

어휘왕

※다음 사자성어, 속담, 관용구의 올바른 의미를 쓰세요 (16-25번)

16. 사 천재일우

»

17. 사 엄동설한

»

18. 사 혈혈단신

»

19. 사 천신만고

»

20. 사 동병상련

»

21. 속 공든 탑이 무너지랴!

»

22. 속 강 건너 불구경하듯 한다.

»

23. 속 호박이 넝쿨째로 굴러떨어졌다.

»

24. 관 가슴이 뜨끔하다.

»

25. 관 각광을 받다.

»

사 사자성어 속 속담 관 관용구

최종 점수 / 25

어휘활용문

※다음 어휘를 활용하여 다양한 문장을 만들어 보세요

구분	어휘	문장
사자성어	천재일우 千載一遇	
	혈혈단신 孑孑單身	
	동병상련 同病相憐	

구분	어휘
속담 · 관용구	공든 탑이 무너지랴!
	호박이 넝쿨째로 굴러떨어졌다.
	각광을 받다.

사자성어	대 동 소 이 大 同 小 異	큰 한가지 작을 다를 대 동 소 이(리)
의 미	큰 차이 없이 거의 비슷함	
예 문	1. 오늘 발표한 내용은 지난번 것과 **대동소이**하다. 2. 사람의 마음이라는 것은 대체로 **대동소이** 하지요.	
따라쓰기	대 동 소 이	

사자성어	백 해 무 익 百 害 無 益	일백 해할 없을 더할 백 해 무 익
의 미	백 가지가 해롭고 이익이 없음. 아무 도움이 되지 못함	
예 문	1. 담배는 우리 몸에 **백해무익**하므로 금연하는 게 좋다. 2. 전쟁은 **백해무익**하므로 그 전에 평화를 강구하자	
따라쓰기	백 해 무 익	

사자성어	우 공 이 산 愚 公 移 山	어리석을 공평할 옮길 뫼 우 공 이 산
의 미	무슨 일이든 노력하면 모두 이루어짐	
예 문	**우공이산**의 자세로 꿈을 향해 노력하자	
따라쓰기	우 공 이 산	

속 담

고래 싸움에 새우 등 터진다.

의 미

강한 사람들끼리 싸우는 통에 아무 상관없는 약한 사람이 괜한 피해를 봄

따라쓰기

고래 싸움에 새우 등 터진다.

속 담

달면 삼키고 쓰면 뱉는다.

의 미

옳고 그름이나 신의를 돌보지 않고 자기 이익만 꾀함

따라쓰기

달면 삼키고 쓰면 뱉는다.

관용구

눈도 깜짝 안한다.

의 미

조금도 놀라거나 당황하지 않고 천연덕스럽게 거짓말을 하는 상황

따라쓰기

눈도 깜짝 안한다.

어휘왕

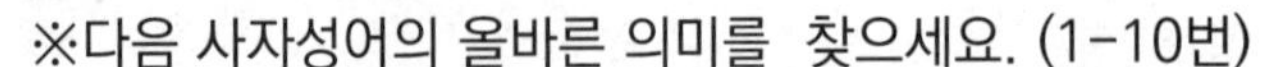

※다음 사자성어의 올바른 의미를 찾으세요. (1~10번)

01. 대동소이 ( )

① 처음부터 끝까지 일관되게 같음
② 외로워 의지할 곳 없이 혼자임
③ 큰 차이 없이 거의 비슷함
④ '오늘, 내일' 하며 날짜를 자꾸 미룸
⑤ 스스로의 힘으로 어엿하게 한 살림을 이루어 냄

02. 오비이락 ( )

① 다양한 분야에 대한 많은 지식을 가진 사람
② 도움 없이 힘에 벅찬 일들을 잘 해나감
③ 앞장서서 먼저 모범을 보임
④ 아무 상관도 없는 행동에 뒤이어 일어난 일로 인해 억울한 의심을 받음
⑤ 달면 삼키고, 쓰면 뱉음

03. 누란지위 ( )

① 눈 내리는 매서운 겨울 추위
② 깊이 생각하지 않고 경솔하게 행동함
③ 매우 아슬아슬하고 위험한 상황이나 모습을 말함
④ 쉽게 만날 수 없는 좋은 기회
⑤ 다른 의견 없이 모든 사람의 의견이 같음

04. 백해무익 ( )

① 풍성하게 차려진 진귀하고 맛있는 음식들
② 백 가지가 해롭고 이익이 없음, 아무 도움이 되지 못함
③ 확신을 가지고 자신 있게 말함
④ 수많은 어려움과 고통을 겪으며 고생함
⑤ 여러 가지로 일이 많고, 어려움도 많음

05. 허심탄회 ( )

① 서로 옳고 그름을 따지며 다툼
② 마음 속에 품은 것을 이야기할 만큼 숨긴 것이 없고 솔직함
③ 무슨 일이든 노력하면 모두 이루어짐
④ 융통성 없고 어리석은 사람을 비유함
⑤ 태어나고, 죽고, 괴롭고, 즐기는 일

06. 낭중지추 ( )

① 무슨 일이든 노력하면 모두 이루어짐
② 옳고 그름을 따짐
③ 자식이 자라 부모에게 효도로 은혜를 갚음
④ 뛰어난 재능을 가진 사람은 아무리 숨으려 해도 사람들 눈에 쉽게 드러남
⑤ 시기가 늦어 안타까움에 탄식함

07. 풍수지탄 ( )

① 이제까지 들어보지 못했음
② 어떤 질문이나 행동을 하였을 때 그에 대한 아무런 답을 하지 않음
③ 큰 차이 없이 거의 비슷함
④ 친구를 사귈 때 믿음으로 사귀라는 의미
⑤ 부모님이 돌아가셔서 효도할 수 없는 슬픔

08. 우공이산 ( )

① 가을 바람에 떨어지는 낙엽
② 두서없이 이말 저말 나오는 대로 떠듬
③ 오랜 세월이 지나도 변하지 않음
④ 무슨 일이든 노력하면 모두 이루어짐
⑤ 스스로 자신을 끈으로 묶음, 자신이 한 말이나 행동으로 곤경에 처함

09. 어불성설 ( )

① 어떤 일이든 말한 것이 잘 들어맞음
② 억지스럽고 논리에 맞지 않는 말
③ 좋은 일 뒤에 나쁜 일이 따름
④ 어려운 처지에 있는 사람끼리 서로 안쓰럽게 생각함
⑤ 마음 먹은지 3일을 못감

10. 표리부동 ( )

① 모든 것은 차이가 있고 구별이 있음
② 속마음과 겉으로 하는 행동이나 말이 같지 않음, '속다르고 겉다르다'
③ 행동이나 생각을 종잡을 수 없게 함부로 함
④ 좋은 물건을 보면 갖고 싶은 마음이 생김
⑤ 큰 차이 없이 거의 비슷함

어휘왕

※다음 속담과 관용구의 올바른 의미를 찾으세요 (11-15번)

사 사자성어 속 속담 관 관용구

11. 속 고래 싸움에 새우 등 터진다. (   )

① 미천하거나 순하고 좋은 사람이라도 업신여기면 가만있지 않음
② 아무리 어려운 상황이라도 포기하지 않으면 분명 살아나갈 방도가 있음
③ 강한 사람들끼리 싸우는 통에 아무 상관없는 약한 사람이 괜한 피해를 봄
④ 뜻밖에 좋은 물건을 얻거나 행운을 만남
⑤ 한 사람의 좋지 않은 행동이 집단이나 사회에 나쁜 영향을 끼침

12. 속 간에 붙었다 쓸개에 붙었다 한다. (   )

① 가까운 사이를 오가며 지조 없이 조금이라도 자신에게 이익이 되는 쪽에 아부함
② 오랫동안 노력해서 완성된 일을 마지막 실수로 망쳐 버리는 행동을 비유함
③ 누구나 마음속으로만 애태울 것이 아니라 말을 해야 함
④ 자기 분수를 모르고 함부로 상대에게 덤빔
⑤ 욕심 많은 사람이 자기에게 이익이 되는 것을 보면가만히 있지 못함

13. 속 달면 삼키고 쓰면 뱉는다. (   )

① 어떤 행동을 하기 전에 모든 전후 상황을 고려해야함
② 최선을 다해 열심히 하면 분명 그에 상응하는 결과가 있음
③ 옳고 그름이나 신의를 돌보지 않고 자기 이익만 꾀함
④ 남에게 해를 끼치려다가 도리어 자기가 해를 입게 됨
⑤ 아무리 힘들어도 포기하거나 좌절하지 않고 열심히 노력하면 고생한 만큼의 댓가를 얻음

14. 관 척 하면 삼천리다. (   )

① 연극에서 인물 비추는 조명, 사회적 관심이나 흥미로 사람들에게 주목을 받음
② 어떤 일을 훤히 꿰뚫고 있음
③ 어떤 일이나 분위기, 상황, 생각 등을 이치나 논리에 맞게 바로 잡음
④ 다가올 결과를 생각해가며 모든 것을 미리 살피고 일들을 처리함
⑤ 물건이나 상품 등이 빠르게 팔려 나감

15. 관 눈도 깜짝 안한다. (   )

① 곧 어떤 일이나 사업, 공부 등을 처음 시작함
② 조금도 놀라거나 당황하지 않고 천연덕스럽게 거짓말을 하는 상황
③ 낌새를 채고 피해 달아남
④ 마음이나 말에 뾰족함을 넣어 남을 공격하거나 불평이나 불만이 있음
⑤ 무섭거나 놀라서 날카롭게 신경이 예민해짐

어휘왕

※다음 사자성어, 속담, 관용구의 올바른 의미를 쓰세요 (16-25번)

16. 사 대동소이

17. 사 허심탄회

18. 사 백해무익

19. 사 누란지위

20. 사 우공이산

21. 속 고래 싸움에 새우 등 터진다.

22. 속 누워서 침 뱉기!

23. 속 달면 삼키고 쓰면 뱉는다.

24. 관 가시가 돋다.

25. 관 눈도 깜짝 안한다.

사 사자성어 속 속담 관 관용구

최종 점수 / 25

어휘활용문

※다음 어휘를 활용하여 다양한 문장을 만들어 보세요

구분	어휘	문장
사자성어	대동소이 大同小異	
	백해무익 百害無益	
	우공이산 愚公移山	
속담 · 관용구	고래 싸움에 새우 등 터진다.	
	달면 삼키고 쓰면 뱉는다.	
	눈도 깜짝 안한다.	

사자성어	천 진 난 만 天 眞 爛 漫	하늘 천	천 진	빛날 난(란)	흩어질 만

의 미 꾸미거나 거짓 없이 순수함

예 문
1. 정이는 어른이 되었지만 **천진난만**한 마음을 잃지 않았다.
2. 아빠는 **천진난만**한 얼굴로 쌩끗 웃었다.

따라쓰기 천 진 난 만

사자성어	호 가 호 위 狐 假 虎 威	여우 호	거짓 가	범 호	위엄 위

의 미 자신보다 큰 권력을 가진 사람을 이용해 위세를 부림

예 문
1. 부모님의 재산 때문에 **호가호위**해서는 안된다.
2. **호가호위**하며 위세를 떨쳐봐야 자기 실력이 아니면 의미없다.

따라쓰기 호 가 호 위

사자성어	동 분 서 주 東 奔 西 走	동녘 동	달릴 분	서녘 서	달릴 주

의 미 이쪽, 저쪽으로 정신없이 달려 다님

예 문
1. 어머니는 할아버지 생신상을 준비하기 위해 **동분서주**하셨다.
2. 독립운동가들은 나라의 독립을 위해 **동분서주** 활동했다.

따라쓰기 동 분 서 주

속 담
황소 뒷걸음치다 쥐 잡는다.

의 미
어쩌다 우연히 일이 이루어지거나 알아맞힘

따라쓰기
황소 뒷걸음치다 쥐 잡는다.

속 담
개 똥도 약에 쓰려면 없다.

의 미
흔한 개똥도 필요할 때는 없음. 평소 흔한 것도 막상 쓰려면 없음

따라쓰기
개 똥도 약에 쓰려면 없다.

관용구
눈독을 들이다.

의 미
욕심을 내어 눈여겨봄

따라쓰기
눈독을 들이다.

어휘왕

※다음 사자성어의 올바른 의미를 찾으세요. (1-10번)

01. 천진난만 (   )

① 모든 일이 뜻대로 잘 되어감
② 눈 앞에 두고도 모른다는 뜻, 아주 무식함
③ 여럿이지만 서로 다른 특징 없이 모두 비슷함
④ 꾸미거나 거짓 없이 순수함
⑤ 서로 옳고 그름을 따지며 다툼

02. 동병상련 (   )

① 앞장서서 먼저 모범을 보임
② 열 번 중 여덟, 아홉 번
③ 어려운 처지에 있는 사람끼리 서로 안쓰럽게 생각함
④ 세상에서 일어나는 온갖 일
⑤ 풍성하게 차려진 진귀하고 맛있는 음식들

03. 천재일우 (   )

① 대문 앞이 시장을 이룰 만큼 붐빔
② 어떤 일이든 말한 것이 잘 들어맞음
③ 매우 아슬아슬하고 위험한 상황이나 모습을 말함
④ 좋은 물건을 보면 갖고 싶은 마음이 생김
⑤ 쉽게 만날 수 없는 좋은 기회

04. 호가호위 (   )

① 몹시 두려워 벌벌 떨며 조심함
② 모든 것은 차이가 있고 구별이 있음
③ 무슨 일이든 노력하면 모두 이루어짐
④ 자신보다 큰 권력을 가진 사람을 이용해 위세를 부림
⑤ 물결처럼 계속 각가지 사연과 변화가 심함

05. 후회막급 (   )

① 잘못을 하고 나서 아무리 후회해도 되돌릴 방법이 없음
② 깊이 생각하지 않고 경솔하게 행동함
③ 꾸미거나 거짓 없이 순수함
④ 한 입으로 두 말을 함
⑤ 다양한 분야에 대한 많은 지식을 가진 사람

06. 천신만고 (   )

① 갑작스럽게 일어난 충격적이거나 어처구니 없는 사고나 일
② 힘들고 어려운 상황에서도 열심히 공부함
③ 사람이 살고 죽는 것은 하늘에 달려 있음
④ 수많은 어려움과 고통을 겪으며 고생함
⑤ 도움 없이 힘에 벅찬 일들을 잘 해나감

07. 반포지효 (   )

① 자식이 자라 부모에게 효도로 은혜를 갚음
② 여러 차례 죽을 고비를 겪고 겨우 살아남
③ 큰 차이 없이 거의 비슷함
④ 처음부터 끝까지 일관되게 같음
⑤ 어떤 일에 마음을 빼앗겨 그 속에 흠뻑 빠져있음

08. 동분서주 (   )

① 이제야 처음 듣는 말
② 이쪽, 저쪽으로 정신없이 달려 다님
③ 여럿이 작은 힘을 모으면 무엇이든 쉬움
④ 꾸미거나 거짓 없이 순수함
⑤ 백 가지가 해롭고 이익이 없음, 아무 도움이 되지 못함

09. 횡설수설 (   )

① 풍성하게 차려진 진귀하고 맛있는 음식들
② 만남 뒤에는 이별이 있음, 모든 것이 쓸모 없고 허무함
③ 두서없이 이말 저말 나오는 대로 떠듦
④ 도움 없이 힘에 벅찬 일들을 잘 해나감
⑤ '오늘, 내일' 하며 날짜를 자꾸 미룸

10. 천생연분 (   )

① 오랜 세월이 지나도 변하지 않음
② 보통 남녀 사이에 잘 어울리거나 서로 잘 맞음
③ 고통과 즐거움을 서로 같이 보냄
④ 외로워 의지할 곳 없이 혼자임
⑤ 태어나고, 죽고, 괴롭고, 즐기는 일

어휘왕

※다음 속담과 관용구의 올바른 의미를 찾으세요 (11-15번)

사 사자성어 속 속담 관 관용구

11. 속 황소 뒷걸음치다 쥐 잡는다. (　　)

① 최선을 다해 열심히 하면 분명 그에 상응하는 결과가 있음
② 미천하거나 순하고 좋은 사람이라도 업신여기면 가만있지 않음
③ 뜻밖에 좋은 물건을 얻거나 행운을 만남
④ 강한 사람들끼리 싸우는 통에 아무 상관없는 약한 사람이 괜한 피해를 봄
⑤ 어쩌다 우연히 일이 이루어지거나 알아맞힘

12. 속 같은 값이면 다홍치마다. (　　)

① 눈앞에 정답이 있는데 그걸 알지 못하는 무식한 사람을 이르는 말
② 거짓말을 자주 하는 사람의 말을 믿지 않음, 거짓말 하는 사람은 신뢰할 수 없음
③ 아무리 힘들어도 포기하거나 좌절하지 않고 열심히 노력하면 고생한 만큼의 댓가를 얻음
④ 귀하고 고운 다홍치마처럼 값이 비슷하다면 모양이나 품질이 좋은 것을 선택함
⑤ 제 처지는 생각하지 않고 자신보다 나은 사람의 행동을 무조건 따라함

13. 속 개 똥도 약에 쓰려면 없다. (　　)

① 제 처지는 생각하지 않고 자신보다 나은 사람의 행동을 무조건 따라함
② 사람의 욕심은 끝이 없음
③ 옳고 그름이나 신의를 돌보지 않고 자기 이익만 꾀함
④ 흔한 개똥도 필요할 때는 없음, 평소 흔한 것도 막상 쓰려면 없음
⑤ 자기에게 관계없는 일이라고 무관심하게 방관함

14. 관 첫 걸음마를 떼다. (　　)

① 내 온 몸을 던질 만큼 어떤 일에 열중함, 가진 것을 다 바침
② 어떤 일로 인해 깜짝 놀라거나 양심의 가책을 받는 상황
③ 더 이상 다른 것을 생각하지 않거나 다른 사람의 잘못이나 허물을 못 본 척 함
④ 곧 어떤 일이나 사업, 공부 등을 처음 시작함
⑤ 마음 속에 고통과 슬픔이 크게 맺혀 있음

15. 관 눈독을 들이다. (　　)

① 욕심을 내어 눈여겨봄
② 손으로 슬쩍 때려도 몹시 아픔
③ 다른 사람이나 물건에 대해 거듭해서 아주 좋게 말함
④ 걱정이 되어 마음이 답답하거나 마음이 쓰여 안절부절 못함
⑤ 물건이나 상품 등이 빠르게 팔려 나감

어휘왕

※다음 사자성어, 속담, 관용구의 올바른 의미를 쓰세요 (16-25번)

16. 사 천진난만

》

17. 사 동변상련

》

18. 사 호가호위

》

19. 사 대동소이

》

20. 사 동분서주

》

21. 속 황소 뒷걸음치다 쥐 잡는다.

》

22. 속 하룻강아지 범 무서운 줄 모른다.

》

23. 속 개 똥도 약에 쓰려면 없다.

》

24. 관 각광을 받다.

》

25. 관 눈독을 들이다.

》

사 사자성어 속 속담 관 관용구

최종 점수 / 25

어휘활용문

※다음 어휘를 활용하여 다양한 문장을 만들어 보세요

사자성어		
	천진난만 天眞爛漫	
	호가호위 狐假虎威	
	동분서주 東奔西走	

속담·관용구
황소 뒷걸음치다 쥐 잡는다.
개 똥도 약에 쓰려면 없다.
눈독을 들이다.

사자성어	대 의 명 분 大 義 名 分	큰 대 / 옳을 의 / 이름 명 / 나눌 분
의 미	어떤 일을 시도할 때 정당한 구실이나 이유	
예 문	1. 뚜렷한 **대의명분** 없이는 거사를 치를 수 없다. 2. **대의명분**이 사라지면 사람들은 관심을 두지 않는다.	
따라쓰기	대 의 명 분	

사자성어	부 전 자 전 父 傳 子 傳	아비 부 / 전할 전 / 아들 자 / 전할 전
의 미	아들이 아버지를 닮아서 아버지와 비슷한 습관이나 행동을 함	
예 문	1. **부전자전**이라더니 아들은 아빠를 닮아 고집이 세다. 2. 아이의 발가락을 보며 **부전자전**이라는 말이 떠올랐다.	
따라쓰기	부 전 자 전	

사자성어	우 후 죽 순 雨 後 竹 筍	비 우 / 뒤 후 / 대 죽 / 죽순 순
의 미	일시적으로 여기 저기에서 어떤 일들이 많이 생김	
예 문	1. 최근 무인 가게들이 여기저기 **우후죽순** 생겨났다. 2. 개인 사생활 보호를 위한 방안들이 **우후죽순** 발표되고 있다.	
따라쓰기	우 후 죽 순	

속 담	**호랑이도 제 말하면 온다.**
의 미	어디서든 그 사람이 없다고 해서 함부로 흉을 보면 안됨
따라쓰기	호랑이도 제 말하면 온다.

속 담	**호미로 막을 것을 가래로 막는다.**
의 미	적은 힘으로 충분히 처리할 수 있는 일인데 쓸데없이 많은 힘을 들임
따라쓰기	호미로 막을 것을 가래로 막는다.

관용구	**눈살을 찌푸리다.**
의 미	눈섭 사이를 찌푸려 못마땅함을 표현함
따라쓰기	눈살을 찌푸리다.

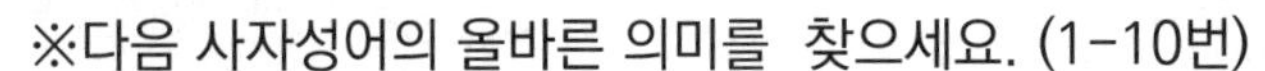

어휘왕

※다음 사자성어의 올바른 의미를 찾으세요. (1-10번)

01. 대의명분 (　　)

① 꾸미거나 거짓 없이 순수함
② 일이 진행되지 못하고 그 자리에 멈춘 것 처럼 보임
③ 쉽게 만날 수 없는 좋은 기회
④ 어떤 일을 시도할 때 정당한 구실이나 이유
⑤ 자식이 자라 부모에게 효도로 은혜를 갚음

02. 혈혈단신 (　　)

① 무슨 일이든 노력하면 모두 이루어짐
② 모든 방면, 여러 방면
③ 외로워 의지할 곳 없이 혼자임
④ 어진 임금이 다스리는 평안한 세상이나 시대
⑤ 모든 것은 차이가 있고 구별이 있음

03. 대동소이 (　　)

① 어떤 일이든 말한 것이 잘 들어맞음
② 대문 앞이 시장을 이룰 만큼 붐빔
③ 뻔뻔하여 부끄러운 일을 하고도 부끄러운 줄 모름
④ 큰 차이 없이 거의 비슷함
⑤ 도움 없이 힘에 벅찬 일들을 잘 해나감

04. 부전자전 (　　)

① 수많은 어려움과 고통을 겪으며 고생함
② 아들이 아버지를 닮아서 아버지와 비슷한 습관이나 행동을 함
③ 집안이 화목하면 모든 일이 다 잘되어감
④ 어떤 일을 시도할 때 정당한 구실이나 이유
⑤ 두서없이 이말 저말 나오는 대로 떠듦

05. 오비이락(　　)

① 행동이나 생각을 종잡을 수 없게 함부로 함
② 아무 상관도 없는 행동에 뒤이어 일어난 일로 인해 억울한 의심을 받음
③ 이쪽, 저쪽으로 정신없이 달려 다님
④ 처음부터 끝까지 일관되게 같음
⑤ 사람이 살고 죽는 것은 하늘에 달려 있음

06. 엄동설한 (　　)

① 눈 내리는 매서운 겨울 추위
② 모든 일이 뜻대로 잘 되어감
③ 좋은 물건을 보면 갖고 싶은 마음이 생김
④ 서로 다른 것들이 똘똘 뭉쳐서 완전히 하나가 됨
⑤ 몹시 두려워 벌벌 떨며 조심함

07. 풍수지탄 (　　)

① 큰 차이 없이 거의 비슷함
② 확고한 생각을 가져 어떤 상황에서도 흔들림이 없음
③ 어떤 일을 시도할 때 정당한 구실이나 이유
④ 부모님이 돌아가셔서 효도할 수 없는 슬픔
⑤ 고통과 즐거움을 서로 같이 보냄

08. 우후죽순 (　　)

① 눈 내리는 매서운 겨울 추위
② 부모님이 돌아가셔서 효도할 수 없는 슬픔
③ 일시적으로 여기 저기에서 어떤 일들이 많이 생김
④ 눈 앞에 두고도 모른다는 뜻, 아주 무식함
⑤ 모든 것은 차이가 있고 구별이 있음

09. 어불성설 (　　)

① 한 입으로 두 말을 함
② 남의 비위에 맞게 꾸미거나 이로운 조건으로 꾀는 말
③ 억지스럽고 논리에 맞지 않는 말
④ 행동이나 생각을 종잡을 수 없게 함부로 함
⑤ 다양한 분야에 대한 많은 지식을 가진 사람

10. 누란지위 (　　)

① 매우 아슬아슬하고 위험한 상황이나 모습을 말함
② 여럿이 작은 힘을 모으면 무엇이든 쉬움
③ 세상에서 일어나는 온갖 일
④ 어떤 일을 시도할 때 정당한 구실이나 이유
⑤ 늙지 않고 오래 오래 삶

어휘왕

※다음 속담과 관용구의 올바른 의미를 찾으세요 (11-15번)

사 사자성어 속 속담 관 관용구

11. 속 호랑이도 제 말하면 온다. (   )

① 내 사정이 급하고 어려워서 남을 돌볼 여유가 없음
② 어디서든 그 사람이 없다고 해서 함부로 흉을 보면 안됨
③ 무슨 물건이고 값이 싸면 품질이 좋지 못함
④ 강한 사람들끼리 싸우는 통에 아무 상관없는 약한 사람이 괜한 피해를 봄
⑤ 아무리 어려운 상황이라도 포기하지 않으면 분명 살아나갈 방도가 있음

12. 속 다 된 죽에 코 빠졌다. (   )

① 오랫동안 노력해서 완성된 일을 마지막 실수로 망쳐 버리는 행동을 비유함
② 욕심 많은 사람이 자기에게 이익이 되는 것을 보면가만히 있지 못함
③ 말만 잘하면 어려운 일이나 불가능해 보이는 일도 해결할 수 있음
④ 최선을 다해 열심히 하면 분명 그에 상응하는 결과가 있음
⑤ 옳고 그름이나 신의를 돌보지 않고 자기 이익만 꾀함

13. 속 호미로 막을 것을 가래로 막는다. (   )

① 뜻밖에 좋은 물건을 얻거나 행운을 만남
② 어쩌다 우연히 일이 이루어지거나 알아맞힘
③ 적은 힘으로 충분히 처리할 수 있는 일인데 쓸데없이 많은 힘을 들임
④ 흔한 개똥도 필요할 때는 없음, 평소 흔한 것도 막상 쓰려면 없음
⑤ 내 사정이 급하고 어려워서 남을 돌볼 여유가 없음

14. 관 가슴이 뜨끔하다. (   )

① 무섭거나 놀라서 날카롭게 신경이 예민해짐
② 어떤 일로 인해 깜짝 놀라거나 양심의 가책을 받는 상황
③ 마음이나 말에 뾰족함을 넣어 남을 공격하거나 불평이나 불만이 있음
④ 바르지 못하고 비정상적으로 행동함, 얼떨떨하여 무엇을 알아차리거나 기억하지 못함
⑤ 걱정이 되어 마음이 답답하거나 마음이 쓰여 안절부절 못함

15. 관 눈살을 찌푸리다. (   )

① 좋은 분위기에 끼어들어 분위기를 망침
② 몹시 무안을 당하거나 기가 죽어 위신이 떨어짐
③ 눈썹 사이를 찌푸려 못마땅함을 표현함
④ 아직 어른이 되려면 한참 멀었음
⑤ 함께 일을 하는 데에 마음이나 의견, 행동 따위가 맞음

어휘왕

※다음 사자성어, 속담, 관용구의 올바른 의미를 쓰세요 (16-25번)

16. 사 대의명분

17. 사 백해무익

18. 사 부전자전

19. 사 경거망동

20. 사 우후죽순

21. 속 호랑이도 제 말하면 온다.

22. 속 호박이 넝쿨째로 굴러떨어졌다.

23. 속 호미로 막을 것을 가래로 막는다.

24. 관 눈도 깜짝 안한다.

25. 관 눈살을 찌푸리다.

사 사자성어 속 속담 관 관용구

최종 점수	/ 25

어휘활용문

※다음 어휘를 활용하여 다양한 문장을 만들어 보세요

구분	어휘	문장
사자성어	대의명분 大義名分	
	부전자전 父傳子傳	
	우후죽순 雨後竹筍	
속담 · 관용구	호랑이도 제 말 하면 온다.	
	호미로 막을 것을 가래로 막는다.	
	눈살을 찌푸리다.	

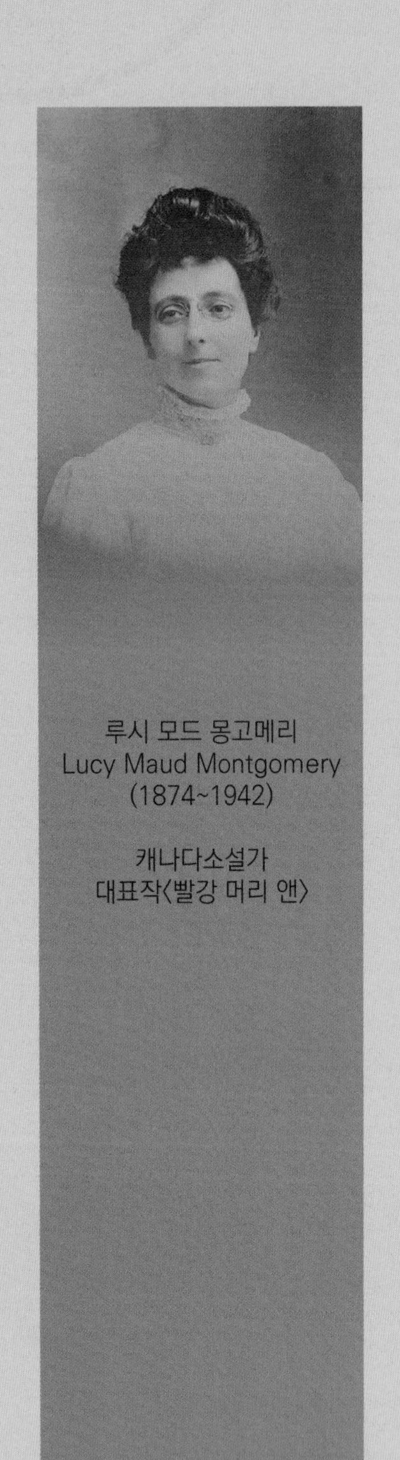

루시 모드 몽고메리
Lucy Maud Montgomery
(1874~1942)

캐나다소설가
대표작<빨강 머리 앤>

앞으로 알아낼 것이 많이 있으니까 참 좋아요.

만일 이것저것 다 알고 있다면
무슨 재미가 있겠어요.

그러면 상상할 일도 없어지잖아요..

-루시 모드 몽고메리-

광장 어휘왕 정답

광장 어휘왕 정답

1일 정답

1	5	11	3	16	힘들고 어려운 상황에서도 열심히 공부함
2	4	12	5	17	개와 원숭이 사이의 관계, 서로 관계가 아주 나쁨
3	2	13	1	18	여럿이 서로 다른 특징 없이 모두 비슷함
4	1	14	4	19	좋은 일 뒤에 나쁜 일이 따름
5	5	15	1	20	확신을 가지고 자신 있게 말함
6	3			21	일이 잘못된 뒤에는 손을 써도 소용이 없음
7	2			22	변변치 못한 집안에서 훌륭한 인물이 나옴
8	4			23	몸집은 작지만 재주가 뛰어나고 야무진 사람
9	4			24	물건이나 상품 등이 빠르게 팔려 나감
10	1			25	다른 사람의 잘못이나 허물을 못 본 척 함

2일 정답

1	4	11	2	16	깊이 생각하지 않고 경솔하게 행동함
2	1	12	1	17	자기가 저지른 일은 자기가 해결해야 함
3	2	13	5	18	눈 앞에 두고도 모른다는 뜻, 아주 무식함
4	5	14	1	19	확신을 가지고 자신 있게 말함
5	1	15	3	20	앞장서서 먼저 모범을 보임
6	5			21	사소한 것이라도 거듭되면 무시 못할 정도로 크게 됨
7	4			22	전혀 생각하지 못한 상황에서 어려움을 당함
8	1			23	아무것도 모르면 좋을 수 있지만, 무엇이나 조금 알고 있으면 오히려 몸과 마음이 괴로움
9	5			24	사람은 많은데 나눌 물건이 턱없이 부족함
10	1			25	나이가 들어 머리가 희끗희끗해짐

3일 정답

1	3	11	1	16	일이 진행되지 못하고, 그 자리에 멈춘 것처럼 보임
2	3	12	2	17	세상에 이름이 널리 알려진 데는 마땅한 이유가 있음
3	3	13	4	18	갑작스럽게 일어난 충격적이거나 어처구니 없는 사고나 일
4	4	14	1	19	여럿이지만 서로 다른 특징 없이 모두 비슷함
5	5	15	4	20	바른 행동에서 비롯되는 거침없는 기상과 용기
6	3			21	남도 같이 못 쓰게 하려는 심술 맞고 뒤틀린 마음
7	1			22	여러 사람이 자기 주장만 내세우면 일을 제대로 할 수 없음
8	3			23	하기로 마음먹었을 때 미루지 말고 곧바로 행동으로 옮김
9	1			24	다른 사람의 잘못이나 허물을 못 본 척 함
10	4			25	함께 일 할 때 마음이나 의견, 행동 따위가 맞음

광장 어휘왕 정답

4일 정답

1	4	11	4	16	도움 없이 힘에 벅찬 일들을 잘 해나감
2	1	12	3	17	깊이 생각하지 않고 경솔하게 행동함
3	2	13	2	18	차마 눈 뜨고 볼 수 없음
4	1	14	3	19	앞장서서 먼저 모범을 보임
5	5	15	5	20	옳고 그름을 따짐
6	3			21	새로 생긴 것이 이미 자리잡고 있던 것을 밀어냄
7	3			22	몸집은 작지만 재주가 뛰어나고 야무진 사람
8	1			23	가장 절실하고, 급한 사람이 먼저 일을 서둘러 하게 됨
9	3			24	나이가 들어 머리가 희끗희끗해짐
10	5			25	내 온 몸을 던질 만큼 어떤 일에 열중함

5일 정답

1	4	11	3	16	풍성하게 차려진 진귀하고 맛있는 음식들
2	4	12	5	17	갑작스럽게 일어난 충격적이거나 어처구니 없는 사고나 일
3	5	13	1	18	다른 사람을 가엽고 불쌍하게 생각하는 마음
4	2	14	1	19	물결처럼 계속 각가지 사연과 변화가 심함
5	1	15	1	20	서로 다른 것들이 똘똘 뭉쳐서 완전히 하나가 됨
6	4			21	아무리 가르치고 알려줘도 알아듣지 못하거나 효과가 없음
7	5			22	아무것도 모르면 좋을 수 있지만, 무엇이나 조금 알고 있으면 오히려 몸과 마음이 괴로움
8	4			23	그 일에 대한 댓가(보수)를 받는 사람이 따로 있음
9	2			24	함께 일 할 때 마음이나 의견, 행동 따위가 맞음
10	3			25	어떤 일을 하거나, 하고 난 후 결과가 마음에 듬

6일 정답

1	3	11	2	16	친구를 사귈 때 믿음으로 사귐
2	5	12	4	17	옳고 그름을 따짐
3	3	13	4	18	어떤 일에 마음을 빼앗겨 흠뻑 빠져있음
4	1	14	4	19	이제까지 들어보지 못했음
5	5	15	3	20	처음부터 끝까지 일관되게 같음
6	4			21	친하다는 이유로 무조건 편을 들어주는 잘못된 상황
7	5			22	하기로 마음먹었을 때 미루지 말고 곧바로 행동으로 옮김
8	2			23	눈앞에 정답이 있는데 그걸 알지 못하는 무식한 사람
9	1			24	내 온 몸을 던질 만큼 어떤 일에 열중함
10	2			25	죽음을 의미함

광장 어휘왕 정답

7일 정답

1	3	11	3	16	이러지도 저러지도 못하는 난감한 상황
2	5	12	2	17	다른 사람을 가엽고 불쌍하게 생각하는 마음
3	4	13	1	18	재산을 모두 써서 집안을 망치고 몸 또한 망침
4	5	14	2	19	일이 진행되지 못하고, 그 자리에 멈춘 것처럼 보임
5	3	15	3	20	확고한 생각을 가져 어떤 상황에서도 흔들림이 없음
6	5			21	사물의 속 내용은 모르고 겉만 건드림
7	1			22	가장 절실하고, 급한 사람이 먼저 일을 서둘러 하게 됨
8	3			23	순하고 좋은 사람이라도 업신여기면 가만있지 않음
9	2			24	어떤 일을 하거나, 하고 난 후 결과가 마음에 듬
10	1			25	걱정이 되어 마음이 답답하거나 쓰여 안절부절 못함

8일 정답

1	3	11	5	16	이미 가졌던 마음이 완전히 달라짐
2	5	12	1	17	처음부터 끝까지 일관되게 같음
3	1	13	1	18	어떤 질문이나 행동에 대한 아무런 답을 하지 않음
4	5	14	3	19	서로 다른 것들이 똘똘 뭉쳐서 완전히 하나가 됨
5	4	15	1	20	여럿이 작음 힘을 모으면 무엇이든 쉬움
6	1			21	차근차근하며 작은 것을 모으면 큰 것을 이룸
7	5			22	그 일에 대한 댓가(보수)를 받는 사람이 따로 있음
8	2			23	보잘 것 없는 사람도 자기와 어울릴 짝이 있음
9	4			24	죽음을 의미함
10	3			25	어떤 사물이나 현상 따위가 없어지거나 바뀜

9일 정답

1	2	11	2	16	'오늘, 내일'하며 날짜를 자꾸 미룸
2	2	12	5	17	이러지도 저러지도 못하는 난감한 상황
3	3	13	4	18	배를 안고 넘어질 정도로 웃음 '너무 웃어서 배가 아픔'
4	5	14	2	19	친구를 사귈 때 믿음으로 사귐
5	5	15	5	20	만남 뒤에는 이별이 있음, 모든 것이 쓸모없고 허무함
6	4			21	처지는 생각하지 않고 다른 사람의 행동을 따라함
7	5			22	눈앞에 정답이 있는데 그걸 알지 못하는 무식한 사람
8	4			23	거짓말을 자주 하는 사람의 말은 사실을 말해도 믿지 않음
9	4			24	걱정이 되어 마음이 답답하거나 쓰여 안절부절 못함
10	2			25	바르지 못하고 비정상적으로 행동함

광장 어휘왕 정답

10일 정답

1	1	11	4	16	좋지 않은 상황을 해결하기 위한 어쩔 수 없는 방법
2	3	12	5	17	이미 가졌던 마음이 완전히 달라짐
3	5	13	3	18	다양한 분야에 대한 많은 지식을 가진 사람
4	2	14	2	19	확고한 생각을 가져 어떤 상황에서도 흔들림이 없음
5	3	15	4	20	생각지도 못한 일에 얼굴색이 변할 만큼 놀람
6	4			21	자식이 많은 부모는 걱정이 끊일 날이 없음
7	4			22	순하고 좋은 사람이라도 업신여기면 가만있지 않음
8	5			23	말만 잘하면 불가능한 일도 해결할 수 있음
9	3			24	어떤 사물이나 현상 따위가 없어지거나 바뀜
10	3			25	아주 바쁠 때 빠르게 움직이는 상황

11일 정답

1	4	11	3	16	행동이나 생각이 종잡을 수 없게 함부로 함
2	1	12	3	17	어떤 질문이나 행동에 대한 아무런 답을 하지 않음
3	5	13	5	18	속마음과 겉으로 하는 행동이나 말이 같지 않음
4	3	14	4	19	만남 뒤에는 이별이 있음, 모든 것이 쓸모없고 허무함
5	2	15	3	20	두서없이 이말 저말 나오는 대로 떠듬
6	4			21	욕심 많은 사람이 이익이 되는 것을 보면 가만히 있지 못함
7	5			22	보잘 것 없는 사람도 자기와 어울릴 짝이 있음
8	1			23	어려운 상황이라도 포기하지 않으면 살아나갈 방도가 있음
9	2			24	바르지 못하고 비정상적으로 행동함
10	5			25	낌새를 채고 피해 달아남

12일 정답

1	3	11	5	16	이기기 힘든 강한 상대를 더욱 강조
2	2	12	1	17	'오늘, 내일'하며 날짜를 자꾸 미룸
3	4	13	2	18	어떤 일에 대하여 100% 확신을 못하고 망설임
4	2	14	5	19	좋지 않은 상황을 해결하기 위한 어쩔 수 없는 방법
5	1	15	1	20	억지스럽고 논리에 맞지 않는 말
6	4			21	올챙이였던 자신의 과거를 기억하지 못함
7	5			22	거짓말을 자주 하는 사람의 말은 사실을 말해도 믿지 않음
8	1			23	내 사정이 급하고 어려워서 남을 돌볼 여유가 없음
9	2			24	아주 바쁠 때 빠르게 움직이는 상황
10	2			25	손으로 슬쩍 때려도 몹시 아픔

광장 어휘왕 정답

13일 정답

1	5	11	4	16	보통 남녀 사이에 잘 어울리거나 서로 잘 맞음
2	2	12	5	17	다양한 분야에 대한 많은 지식을 가진 사람
3	4	13	3	18	부모님이 돌아가셔서 효도할 수 없는 슬픔
4	4	14	3	19	두서없이 이말 저말 나오는 대로 떠듦
5	1	15	2	20	뻔뻔하여 부끄러운 일을 하고도 부끄러운 줄 모름
6	4			21	열심히 노력하면 고생한 만큼의 댓가를 얻음
7	3			22	말만 잘하면 불가능한 일도 해결할 수 있음
8	4			23	한 사람의 좋지 않은 행동이 사회에 나쁜 영향을 끼침
9	1			24	낌새를 채고 피해 달아남
10	5			25	어떤 일을 훤히 꿰뚫고 있음

14일 정답

1	5	11	5	16	뛰어난 재능을 가진 사람은 숨을 수 없음
2	2	12	4	17	이기기 힘든 강한 상대를 더욱 강조
3	3	13	2	18	자식이 자라 부모에게 효도로 은혜를 갚음
4	1	14	4	19	어떤 일에 대하여 100% 확신을 못하고 망설임
5	2	15	1	20	눈 내리는 매서운 겨울 추위
6	4			21	지조 없이 조금이라도 이익이 되는 쪽에 아부함
7	5			22	어려운 상황이라도 포기하지 않으면 살아나갈 방도가 있음
8	2			23	자기에게 관계없는 일이라고 무관심하게 방관함
9	2			24	손으로 슬쩍 때려도 몹시 아픔
10	3			25	곧 어떤 일이나 사업, 공부 등을 처음 시작함

15일 정답

1	3	11	4	16	수많은 어려움과 고통을 겪으며 고생함
2	4	12	3	17	부모님이 돌아가셔서 효도할 수 없는 슬픔
3	1	13	1	18	마음 속에 품은 것을 이야기할 만큼 숨긴 것이 없고 솔직함
4	1	14	2	19	속마음과 겉으로 하는 행동이나 말이 같지 않음
5	1	15	4	20	잘못을 하고 나서 아무리 후회해도 되돌릴 방법이 없음
6	5			21	값이 비슷하다면 모양이나 품질이 좋은 것을 선택함
7	1			22	내 사정이 급하고 어려워서 남을 돌볼 여유가 없음
8	3			23	남에게 해를 끼치려다가 도리어 자기가 해를 입게 됨
9	1			24	어떤 일을 훤히 꿰뚫고 있음
10	2			25	어떤 일로 인해 깜짝 놀라거나 양심의 가책을 받는 상황

광장 어휘왕 정답

16일 정답

1	4	11	5	16	매우 아슬아슬하고 위험한 상황이나 모습
2	5	12	2	17	뻔뻔하여 부끄러운 일을 하고도 부끄러운 줄 모름
3	3	13	3	18	어떤 일이든 말한 것이 잘 들어맞음
4	1	14	5	19	뛰어난 재능을 가진 사람은 숨을 수 없음
5	3	15	3	20	어떤 행동 뒤에 뒤이어 일어난 일로 오해를 받음
6	3			21	오랫동안 노력해서 완성된 일을 마지막 실수로 망쳐 버림
7	1			22	한 사람의 좋지 않은 행동이 사회에 나쁜 영향을 끼침
8	5			23	자기 분수를 모르고 함부로 상대에게 덤빔
9	4			24	곧 어떤 일이나 사업, 공부 등을 처음 시작함
10	3			25	마음이나 말에 뾰족함을 넣어 남은 공격하거나 불만이 있음

17일 정답

1	4	11	5	16	쉽게 만날 수 없는 좋은 기회
2	4	12	4	17	눈 내리는 매서운 겨울 추위
3	2	13	1	18	외로워 의지할 곳 없이 혼자임
4	2	14	5	19	수많은 어려움과 고통을 겪으며 고생함
5	1	15	5	20	어려운 처지에 있는 사람끼리 서로 안쓰럽게 생각함
6	5			21	최선을 다해 열심히 하면 그에 상응하는 결과가 있음
7	2			22	자기에게 관계없는 일이라고 무관심하게 방관함
8	2			23	뜻밖에 좋은 물건을 얻거나 행운을 만남
9	3			24	어떤 일로 인해 깜짝 놀라거나 양심의 가책을 받는 상황
10	1			25	사회적 관심이나 흥미로 많은 사람들에게 주목을 받음

18일 정답

1	3	11	3	16	큰 차이 없이 거의 비슷함
2	4	12	1	17	마음 속에 품은 것을 이야기할 만큼 숨긴 것이 없고 솔직함
3	3	13	3	18	백 가지가 해롭고 이익이 없음, 아무 도움이 되지 못함
4	2	14	2	19	매우 아슬아슬하고 위험한 상황이나 모습
5	2	15	2	20	무슨 일이든 노력하면 모두 이루어짐
6	4			21	강한 사람들끼리 싸우는 통에 약한 사람이 피해를 봄
7	5			22	남에게 해를 끼치려다가 도리어 자기가 해를 입게 됨
8	4			23	옳고 그름이나 신의를 돌보지 않고 자기 이익만 꾀함
9	2			24	마음이나 말에 뾰족함을 넣어 남은 공격하거나 불만이 있음
10	2			25	조금도 놀라거나 당황하지 않고 천연덕스럽게 거짓말을 함

광장 어휘왕 정답

19일 정답

1	4	11	5	16	꾸미거나 거짓 없이 순수함
2	3	12	4	17	어려운 처지에 있는 사람끼리 서로 안쓰럽게 생각함
3	5	13	4	18	자신보다 큰 권력을 가진 사람을 이용해 위세를 부림
4	4	14	4	19	큰 차이 없이 거의 비슷함
5	1	15	1	20	이쪽, 저쪽으로 정신없이 달려 다님
6	4			21	어쩌다 우연히 일이 이루거나 알아맞힘
7	1			22	자기 분수를 모르고 함부로 상대에게 덤빔
8	2			23	평소 흔한 것도 막상 쓰려면 없음
9	3			24	사회적 관심이나 흥미로 많은 사람들에게 주목을 받음
10	2			25	욕심을 내어 눈여겨봄

20일 정답

1	4	11	2	16	어떤 일을 시도할 때의 정당한 구실이나 이유
2	3	12	1	17	백 가지가 해롭고 이익이 없음, 아무 도움이 되지 못함
3	4	13	3	18	아들이 아버지을 닮은 습관이나 행동을 함
4	2	14	2	19	깊이 생각하지 않고 경솔하게 행동함
5	2	15	3	20	일시적으로 여기저기에서 어떤 일들이 생김
6	1			21	어디서든 그 사람이 없다고 해서 함부로 흉을 보면 안됨
7	4			22	뜻밖에 좋은 물건을 얻거나 행운을 만남
8	3			23	적음 힘으로 처리할 수 있는데 쓸데없이 많은 힘을 들임
9	3			24	조금도 놀라거나 당황하지 않고 천연덕스럽게 거짓말을 함
10	1			25	눈썹 사이를 찌푸려 못마땅함을 표현함

광장어휘북 제 2권

초판 1쇄 발행 2024년 7월 10일

지은이 김광복

펴낸곳 광장교육
등록번호 제 2024-000030호
주소 세종특별자치시 소담1로 12 지엘플렉스 1 504호
전화 010-8234-0691
이메일 kgb2487@hanmail.net

편집디자인 이서윤

ISBN 979-11-953785-2-4